중국
비즈니스
신서유기

중국 비즈니스 신서유기

발행일	2016년 6월 15일		
지은이	김 근 호		
펴낸이	손 형 국		
펴낸곳	(주)북랩		
편집인	선일영	편집	김향인, 권유선, 김예지, 김송이
디자인	이현수, 신혜림, 윤미리내, 임혜수	제작	박기성, 황동현, 구성우
마케팅	김회란, 박진관, 김아름		
출판등록	2004. 12. 1(제2012-000051호)		
주소	서울시 금천구 가산디지털 1로 168, 우림라이온스밸리 B동 B113, 114호		
홈페이지	www.book.co.kr		
전화번호	(02)2026-5777	팩스	(02)2026-5747
ISBN	979-11-5987-085-9 03320(종이책)		979-11-5987-086-6 05320(전자책)

이 도서의 국립중앙도서관 출판예정도서목록(CIP)은 서지정보유통지원시스템 홈페이지(http://seoji.nl.go.kr)와
국가자료공동목록시스템(http://www.nl.go.kr/kolisnet)에서 이용하실 수 있습니다.
(CIP제어번호 :)

성공한 사람들은 예외없이 기개가 남다르다고 합니다.
어려움에도 꺾이지 않았던 당신의 의기를 책에 담아보지 않으시렵니까?
책으로 펴내고 싶은 원고를 메일(book@book.co.kr)로 보내주세요.
성공출판의 파트너 북랩이 함께하겠습니다.

한국 기업의 중국 진출 2라운드
이제 서부내륙시장에 눈을 돌려라!

중국
비즈니스

김근호 지음

신서유기

북랩 book Lab

중국에 대한 올바른 시선으로 국부유실을 막아야 한다

우리는 모두 중국이 변하고 있다는 것을 알고 있다. 또한 경제 문제에 있어서 중국이 우리에게 중요한 대상국가라고 누구나 이야기한다. 그러나 우리는 중국에 대해 얼마나 알고 있을까? 한국의 최대 무역대상국, 산둥성에 낮은 임금을 활용한 제조업 진출기지, 싸구려 가짜상품을 생산하는 개발도상국, 그리고 상하이와 홍콩의 눈부신 발전, 그 뒤에 그늘진 빈부 격차, 아직도 꽌시로 문제를 해결할 수 있는 후진 시스템, 거대한 요우커가 우리나라 화장품을 싹쓸이하는 소비대국 등등 정도로 인식되고 있을 것이다. 2014년 1월 시안에 부임할 때만 해도 필자 역시 그 정도 수준에서 중국을 대강 이해한다고 생각하고 있었다. 그러나 그런 외면적인, 일부 언론의 포장된 모습은 중국의 현재 모습이 아니다. 중국은 우리의 상상을 뛰어넘는 변화를 중국역사 이래 가장 대대적으로 시도하고 있고, 다각적이고 강도 높은 구조조정과 국가 시스템적 변화는 자료상으로 우리가 따라가기도 어렵고, 중국 현지에서 상황을 지켜보고 있는 기업들이나 정부기관들 역시 어지럽고 어리둥절하기까지 하다.

그러나 이런 중국의 변화 속에 우리는 어느 정도 중국을 알고 있을까? 아니 얼마나 관심을 가지고 있을까? 한국 언론에서는 미국 대선주자의 하루하루 일상과 미국 대선 가도의 흐름을 실시간으로 빼곡히 언론 지면에 가득 채우는 데 비하여, 중국에 대해서는 인민폐 환율의 변동이나, 중국 경제 경착륙에 대한 의혹 어린 사설, 중국 내의 만담 수준의 가십거리만 언론에서 다루고 있고, 중국 경제변화의 현상분석과 거침없는 구조조정의 두려운 미래에 대해서는 암묵적으로 묵인하거나 관심을 꺼리는 것은 아닐까? 그러한 비대칭적인 정보와 왜곡된 시선은 중국에 대한 오해로 이어지고 중국에 진출한 수많은 우리 중소기업이 어려움을 겪는 원인을 제공한다고 생각한다. 태평양 건너 멀리 떨어져 있는 미국에 대해서는 경제분석과 대선 경선까지 관심을 가지면서, 바로 옆에 위치하고 우리와 수천 년 역사를 공유하고 있는 중국에 대해서는 깊이 생각해보지 못하는 우리나라의 현실이 안타깝다.

중국의 경제 굴기는 미국을 긴장시켰다. 미국의 아시아 회귀전략은 바로 이러한 중국의 세력확장에 제동을 걸기 위한 미국의 대응수이고, 일본은 이 기회를 활용해서 군사력을 다시 강화하며, 한국을 포함한 주변국의 긴장을 높이고 있다. 중국 남중국해에 대한 일본과 미국의 견제는 미래 시장으로 성장 가능성이 높은 동남아시아 세력권을 중국에 내줄 수 없다는 강력한 메시지다. 중국은 동쪽으로 미국 영향력과 부딪히는 대신 서진(西進) 전략을 선택했다. 실크로드 일대일로 전략이 바로 그 핵심이다. 그렇다고 남중국해를 비롯한 동아시아에서 주도권을 미국에 내어줄 마음도 없다. 그 팽팽한 국제정세 속에 한반도는 그야말로 역사상 유례없는 일촉즉발의 위기와 기회를 한 번에 맞이한 상황이다. 미국과 중국 간 세력대결의 가장 중요한 핵심지역은 한반도이지만, 그로 인해 오히려 한반도 미래전략에서 가장 중요한 중국 동북지역이 경제의 관심 밖으로 밀려났다. 중국의 훈춘지역을 중심으로 한 두만강 경제벨트지역은 한국경제의 새로운 경제확장 영토이고, 러시아와 연계한 경제발전 프로젝트가 가능한 우리의 미래 시장이다. 그러나 현재 국제정세와 한반도 정세를 고려할 때, 쉽지 않은 길이 눈앞에 놓여 있는 것도 현실이다. 한반도 경제통일을 기반으로 중국 동북지역의 발전이 가능하다면, 지금 우리나라가 겪고 있는 실업문제와 고령화 문제, 성장동력문제가 일거에 해소될 수 있을 것이고, 현 정부가 주장하는 유라시아 이니셔티브의 실현도 가능할 것이다. 미국과 중국 간에 균형외교를 통한 우리 경제의 이익을 극대화할 필요가 있는 것이다.

2010년 선양 근무 시절 동북 3성 지역이 우리 경제에 얼마나 중요한지 직접 바라보면서 조금 더 발전되는 모습을 기대했지만, 시간이 흐르면서 오히려 상황을 악화시키고 있는 현상황에 가슴이 답답하다. 그런 답답한 상황에 중국은 거대한 국가개조전략을 위해 움직이기 시작했다. 그 흐름의 중심은 이번에는 중국 내륙이다. 베이징, 상하이, 광저우, 칭다오 등 기존에 한국 기업이 많이 진출했던 지역은 경제구조조정의 여파와 저성장 기조 속에 어려움을 겪고 있다. 부동산 가격이 상승하는 것을 제외하면, 한국에서 보기에 우려가 될 정도로 경제가 하방압력을 받고 있는 것이다. 그러나 조금만 시선을 안쪽으로 들여다보면 중국 내륙지역은 빠르게 변화하며 성장하고 있다. 시진핑 정권의 중국 변화 핵심은 바로 '신창타이(新常態)'다. 그리고 그 변화와 중국 성장을 이끌어 낼 성장동력은 '실크로드 일대일로' 전략이다. 신창타이는 단순히 경제성장 속도 조절과 내수소비시장 건설을 이야기하는 게 아니다. 실크로드 일대일로 전략 역시 옛날 실크로드를 개척해서 유럽까지 수출길을 만들자는 게 아니다. 신창타이 개념은 한마디로 국가 개조 프로젝트다. 고속경제성장과 개혁개방으로 만들어진 비효율적인 관행, 부정부패, 방만한 국유기업 시스템을 뜯어고쳐 중국을 정상적인 경제시스템 국가로 만들기 위한 방향 점인 것이다.

중국 경제는 거대한 항공기와 같다. 움직임은 느리다. 빠른 개혁은 추진하지 않는다. 이미 활성화되어 있는 중국 연해 지역 도시에는 그 변화의 흐름이 감지되기 어려울 수도 있다. 그러나 내륙지역은 다르다. 그동안 외면되어 왔지만, 이제 내륙지역 도시마다 경제발전의 중국몽(中國夢)으로 가득 차 있고, 외형적으로도 인프라 건설과 투자유치 등으로 매우 뜨거운 상황이다. 그러나 우리나라 기업들은 이러한 전체적인 흐름을 아직 잘 모르는 것처럼 보인다. 삼성반도체 투자진출로 이슈가 되었던 중국 시안에 진출했던 한국 기업들을 지켜보면서, 방향성을 확립하지 못하고 중국 변화의 바람에 맥없이 흔들리고 있는 모습은 안타깝기만 하다. 중국을 알아야 한다. 미국과 일본의 도움으로 급속한 경제성장을 이뤄냈던 지난 20세기와는 다른 전략을 가져야 한다.

필자는 중국 전문가가 아니다. 중국에서 대학을 나오지도 않았고, 중국 경제 MBA 과정을 수료한 적도 없다. 중국에서 20년 가까이 생활한 것도 아니다. 중국에 대한 전문연구원도 아니고, 중국에 대해 잘 안다고 어디다가 얘기할 수 있는 군번도 아니다. 솔직히 중국 내륙시장에 대한 글을 시작하면서 고민도 많이 했고, 부끄러운 지식을 자랑질하는 것으로 비치지 않을까 걱정도 앞섰다. 그러나 중국에서 중소기업을 지원할 수 있는 좋은 기회를 얻어, 중국에 진출한 한국 중소기업과 소상공인들을 많이 만날 수 있었고, 중국 정부와 교류하며 중국을 이해할 수 있는 기회가 주어졌다. 이 시기 새로 배우고 느꼈던 중국의 변화는 필자에게 두려움을 심어주기 시작했고, 중국의 변화 바람에 적응하지 못하는 한국 기업들의 아픔이 내게도 고스란히 전해졌다. 누군가는 이러한 얘기를 전해야 한다고 생각했다. 중소기업의 눈높이로 거시적인 경제 흐름보다는 실질적인 중국 문제를 함께 얘기할 필요가 있다고 생각했다. 그래서 예상되는 비난과 부끄러움을 무릅쓰고 자료를 정리했고, 부족하지만 중국 시안 이야기를 공유하기로 한 것이다. 자료의 오류나 잘못된 견해가 분명히 있을 수 있다. 다만 이 글을 통해서 얘기하고 싶은 것은 중국 내륙시장에 대한 왜곡된 시각을 걷어내고 진지하게 중국과 함께할 우리 경제의 미래를 고민해보자는 것이다.

사실 글을 쓰기로 결정한 더 구체적인 계기는 아는 후배의 중국 시장 도전과 관련이 있다. 중국에서 근무한다는 이유만으로 여러 가지 상담과 진출전략 등을 전해주었는데, 생각보다 중국에 대해 너무나 잘 모르고 있다는 사실에 놀랐다. 수많은 중국 관련 정보가 쏟아지고 있고, 정부기관에서 많은 지원을 해주고 있지만, 실질적으로 창업 초기 영세중소기업이 중국에 진출하고자 할 때, 정확한 정보와 필요한 내용을 안내해주는 루트가 많지 않은 것이다. 이러한 상황이다 보니, 영세한 중소기업들과 일반인들은 주로 중국에 대한 정보를 소위 주변에 '중국 전문가(?)'에게 듣는다. 10년도 넘게 지난 중국의 진출정보, 그것도 전체적인 것이 아니라 지역적인 특성을 중국 전체의 특성인 듯 말하고 있는 '중국 전문가(?)' 덕분에 중국에 대한 잘못된 정보를 습득하기 쉬운 상황이 된 것이다.

실제로 이 책은 중국에 대해 잘 알고 계신 분에게는 별로 도움이 되지 못할 것이다. 앞서도 밝혔듯이 중소기업의 눈높이에서 중국 내륙시장에 관심을 가지고 있는 분들께 드리는 현장의 목소리이기 때문이다. 그런데도 책에서 나타날 수 있는 부족함과 오류는 독자 여러분의 양해를 구한다.

이 책에서는 삼성반도체 공장이 중국에 진출하면서, 갑자기 중국 내륙시장 진출에 대한 관심이 높아진 시기에 일어났던 바람과 그 현실을 담았다. 그리고 시안이라는 도시의 역사적, 문화적 특성을 바탕으로 내륙지역 도시를 대략이나마 이해할 수 있도록 노력했다. 2장에서 별도로 언급한 '한중(漢中)'이라는 도시는 중국 내륙에 있는 수많은 소도시의 문화와 발전 가능성을 이해하는 데 도움이 될 것이다. 그리고 내륙시장의 진출기회와 한계를 극복하고 중국 내륙시장을 개척한 기업들의 모습을 다뤘다. 4장과 5장에서는 중국이라는 거대한 항공기가 움직이고 있는 변화의 흐름을 '신창타이'와 '실크로드 일대일로'를 통해 이해할 수 있도록 했다. 물론 이 두 가지 주제에 대해서는 한국과 중국에 많은 자료가 나와 있고, 깊이 분석하려면 책 한 권으로도 부족한 양이기 때문에, 다시 한 번 말씀드리지만, 중소기업과 실무자의 눈높이에서 다뤘다는 점을 양해해주기 바란다. 마지막으로 6장과 7장에서는 서유기에서 삼장법사가 손오공과 저팔계, 사오정의 도움을 받아 서역 길을 개척했듯이, 우리 중소기업이 중국의 서쪽 내륙시장을 개척할 수 있도록 현장에서 얻은 실무적인 지식을 담았다. 전문적인 작가 수준이 못되어 잘 정리되지는 못했지만, 현장에서 느낀 그대로를 전달하려고 노력했다.

우리 기업은 삼장법사다. 중국 내륙시장 진출이라는 역사적 사명을 가지고 서유기를 시작하려 한다. 그러나 삼장법사는 홀로 서역을 갈 수 없다. 손오공과 저팔계, 사오정이라는 우리 정부기관, 학계 등의 계속된 지원과 노력이 있어야 중국 시장 진출이라는 미션을 수행할 수 있다. 한국 정부에서도 끊임없이 중소기업의 중국 진출에 지원하길 바라고, 필자도 기회가 남아있는 한 노력하고 싶다.

오늘도 중국 내륙시장 진출을 위해 중국 전역을 누비고 있는 분들에게 정확하지는 않지만 작은 나침반 역할을 할 수 있는 자료가 되길 바라며, 중국에 관심을 가지고 계시는 분들에게는 중국을 이해하는 새로운 시각이 될 수 있기를 바란다. 이 글이 완성될 수 있도록 계속적인 격려와 지원을 아끼지 않은 중소기업청 중국협력관

권대수 국장님께 감사드리고, 바쁜 가운에 자료조사와 협조를 해준 중소기업진흥공단 시안 대표처 현지직원 여러분에게 감사드린다.

2016년 봄, 시안 집무실에서

김근호

차례

서문 ——————————————————————————— 004

제1장 중국 서부내륙시장 진출의 환상과 그늘

01. 시안 골드러시와 남겨진 현실 ——————————— 018
02. 지독한 매연으로 뒤덮인 1,000년 역사도시 장안 ————— 023
03. 대기업 협력업체의 동반진출 한계와 자구노력 ————— 026

제2장 시안은 어떤 지역인가

01. 시안의 역사적 고찰 —————————————— 032
· 진시황제와 초한지의 역사 속 시안 ——————— 033
· 삼국지와 양귀비의 역사 ——————————— 035
· 당나라 이후의 시안 ————————————— 037
02. 시안이라는 도시 ——————————————— 040
03. 시안의 주변도시 현황 ————————————— 048
04. 삼국지 역사와 유채꽃의 향기를 품은 한중 ————— 055
· 고대 역사 속의 한중 ———————————— 056
· 한중과 제갈공명 —————————————— 058
· 유방의 한나라 초기 도읍지, 한중 ——————— 059
· 한중의 문화적 특색 ————————————— 061
· 한중의 지리적 특색 ————————————— 061

05. 시안 사람들의 문화적 특성 ———————— 064

06. 아버지의 고향 산시성과 시진핑 ———————— 070

제3장 시안, 중국 내수시장 개척의 희망인가

01. 시안의 미래전략방향 2020 계획 ———————— 078

02. 시안의 대학과 한국 유학생 ———————— 083

· 서북지역 최대 교육도시, 시안 ———————— 083

· 한국 유학생을 마케팅 첨병으로 ———————— 086

· 재중 유학생 일만양병설 ———————— 088

03. 시안의 틈새시장을 노리는 한국 기업들 ———————— 090

04. 충칭, 중국 내륙시장의 새로운 대안인가 ———————— 097

제4장 중국의 신창타이와 경제구조조정

01. 내륙에서 본 신창타이 시대 ———————— 104

· 신창타이의 개념 ———————— 104

· 중국 정부의 신창타이 추진과 의미 ———————— 107

02. 부패개혁 대상이 된 중국 국유기업 ———————— 111

03. 심각한 경영 위기에 빠진 중국 기업 상황 ———————— 116

· 중국 내 한국 기업의 상황 ———————— 116

· 중국 기업이 처한 상황 ———————— 118

04. 중국의 부동산 시장과 시안 ———————— 122

제5장 중국의 미래와 실크로드 전략

   01. 세계의 블랙홀 중국으로 빨려가는 기술, 문화, 인력 ————— 128

   02. 중국 전자상거래는 왜 그렇게 빨리 발전했나 ————— 132

   03. 실크로드 일대일로의 개념 ————— 138

   04. 일대일로의 전략적 구상 ————— 142

   05. 실크로드 경제벨트권역 운송물류 인프라 ————— 145

   06. 일대일로 전략과 에너지 산업 ————— 150

   07. 일대일로와 인민폐 국제화 전략 ————— 154

   08. 일대일로 전략과 한국 ————— 157

제6장 중국 서부내륙시장 어떻게 진출할 것인가

   01. 중국 서부내륙에서 한국 중소기업 상품 팔기 ————— 162

   02. 중국 서부내륙시장 진출 실패를 줄이는 법 ————— 169

     · 한국에는 중국 전문가가 너무 많다? ————— 169

     · 중국 경제의 새로운 변화 흐름을 정확히 인식 ————— 171

     · 철저한 사전준비와 관련 법령 숙지 ————— 173

     · 정부지원제도 및 현지 한국 정부기관을 적극 활용 ————— 175

   03. 아직 남아있는 중국 내륙도시 투자진출 기회 ————— 177

     · 중국 서부내륙 지방 소도시로 시야를 돌려야 ————— 177

     · 용두사미(龍頭蛇尾)가 아닌 사두용미(蛇頭龍尾) 전략 ————— 179

     · 지방내륙도시 투자진출 시 유의점 ————— 182

04. 시안진출 소상공인 사업운영사례(실패와 교훈) ──────────── 185
· 체인점 형태의 마트 창업, 소방허가 등 인허가 절차 애로(A마트) ──── 186
· 한국적인 고급화 전략으로 승부, 과도한 초기 투자(B한식집) ──────── 187
· 숯불구이로 식당 특화, 중국인 겨냥(C한식당) ──────────── 189
· 한류를 이용한 치킨집 투자진출, 상권 비활성화의 한계(D치킨집) ──── 191
· 마트에 북카페 개념 도입, 현지 제도 이해 부족의 한계(E마트) ──── 192
· 한국 미용 프랜차이즈 진출, 중국 상관행의 역습(F헤어숍) ──────── 193
· 독특한 메뉴 차별화, 중국 속으로(G한식당) ──────────── 195

제7장 한국 중소기업의 신서유기 전략

01. 중국의 한국 기업 투자유치 총력전 ────────────── 200
· 한국 기업이 매력적인 이유 ──────────────── 200
· 한중 FTA와 중국 내 한중산업단지의 난립 ────────── 202
· 한국 기업 투자유치 그날 이후 ──────────────── 204
· 옌청경제기술개발구와 한중산업원 ──────────── 209

02. 한국 중소기업의 진출전략 ──────────────── 211
· 중국 산업 변화의 흐름 이해 ─────────────── 211
· 중국 투자유치의 두 얼굴 ──────────────── 213
· 중국 현지 네트워크의 이용 ─────────────── 214
· 틈새시장 발굴의 기회 ───────────────── 215

03. 중국 진출 지원 정부사업 활용 팁
· 해외 사무공간 지원사업(수출인큐베이터) ──────────── 221
· 해외 바이어 발굴 지원사업(해외지사화, 무역사절단) ──────── 222

· 중국 현지 판로 유통망 지원사업(해외 정책매장) ──────── 225
· 중국 진출품목 인허가 지원사업(중국인증집중지원사업) ──────── 226
· 중국 법률정보 제공 및 상담 지원사업(중국법령정보지원시스템) ──────── 228
· 중국 진출 총괄컨설팅 지원사업(해외민간네트워크) ──────── 228
· 중국 바이어와의 소통지원사업(통번역 지원서비스) ──────── 229

별첨

1. 시안의 역사 유적 ──────── 232
2. 산시성 함양 한국 기업산업원 소개 ──────── 244
3. 시안 상가 물색 및 임대 절차 ──────── 246
4. 시안 프랜차이즈 산업 현황 ──────── 250

참고 문헌 ──────── 253

제1장

중국 서부내륙시장
진출의 환상과 그늘

시안 골드러시와 남겨진 현실

2013년은 한국과 시안에 있어 뜻깊은 역사적 사건이 2건이나 발생했던 해였다. 대한민국 최초로 현직 대통령이 중국 시안을 방문하여, 시안과 한국 간 경제협력의 중요성을 강조하였고, 또 하나는 전 세계 최고의 기술력을 자랑하는 한국 삼성전자가 반도체공장을 다른 지역을 제치고 시안에 설립하기로 한 것이다. 총 투자 금액은 70억 불이었으며, 시안으로서는 당시까지 최대 외자투자유치 금액이었다.

당시까지만 해도 중국 내에서도 시골 지역으로 취급받던 시안이 당당히 한국의 핵심산업을 유치하고 외국 정상이 방문하여 경제협력을 강조하는 이슈 지역으로 떠오르면서, 중국 산시성(陝西省) 인민정부로서는 여러 가지 의미를 부여할 수 있는 계기가 되었다. 지금도 가끔 산시성 인민정부와 미팅을 하거나 한국 정부, 경제인사를 면담할 때 2013년도의 그 일을 반드시 언급하는 것으로 미루어 볼 때, 이 지역 정부관계자들이 그 사실을 얼마나 역사적 사건으로 생각하는지 알 수 있다.

대한민국 대통령의 시안 방문과 삼성반도체공장 투자설립 결정은 중국에서만 이슈가 된 것이 아니었다. 갈수록 심화되는 대(對)중국 경제 의존도와 더불어 중국연해지역 투자진출이 한계에 다다른 상황에서 중국내수시장은 한국에게 마치 황금알을 낳는 거위처럼 홍보되고 인식되어가기 시작한 상황이었는데, 시안의 커다란 이슈는 한국에서도 매우 높은 관심과 반향을 일으켰다. 더구나 시안이 위치한 산시성이 현 중국 주석인 시진핑(習近平) 주석의 아버지인 시중쉰(習仲勛)의 고향으로 알려지면서 관심은 더해 갔고, 여러 채널에서 시안이라는 지역에 포커스를 맞추기 시작했다.

이에 대한 후속 조치로, 2014년부터 시안 총영사관 및 코트라 시안 무역관은 규모가 확대되었으며, 중소기업진흥공단에서는 시안에 글로벌수출인큐베이터를 설치하는 등 정부기관의 발 빠른 대응이 이루어졌고, 민간에서는 삼성반도체의 협력업체와 관련 하청업체들이 물밀 듯 시안으로 쏟아져 들어오기 시작했다. 불과 500여명에 못 미치던 시안지역의 한인사회는 순식간에 6,000명까지 증가하면서 여러 가지 교민사회 간 마찰도 생기긴 했지만, 한인사회에 활력을 불어넣었던 것은 사실이다.

그전에 관광으로만 찾았던 시안지역을 비즈니스 업무로 찾아드는 한국 기업인들이 점차 증가했고, 한국 교민 증가에 포커스를 맞춘 한국식당이 우후죽순으로 생겨나기 시작했다. 시안 뤼디 지역에는 한인타운이 생겨나면서 한때 한국식당이 60여 개가 넘게 운영되면서 과열 경쟁이 발생하기도 했다. 그 외에 컨설팅업체, 물류기업, 전산서비스업체 등 다양한 서비스업종의 기업들이 진출하였으며, 한국에서도 기업 단체 방문단이 계속 시안을 방문해 왔다.

그러나 마치 골드러시와도 같았던 시안 진출 광풍이 사그라드는데는 그리 오랜 시간이 걸리지 않았다. 한국 기업의 시안투자진출 컨설팅을 전담했던 한 컨설팅사의 자료에 따르면, 2013년 50여 개에 달하던 한국 기업 시안투자진출 건수는 2014년도에 한 자릿수로 떨어졌다고 한다. 물론 다른 컨설팅회사와 중국 현지 서비스를 받은 기업들이 있을 것으로 추정하더라도 그 수치가 급격히 떨어진 것은 분명해 보이며, 현지진출 정부기관을 통한 진출 관련 문의도 약해진 것으로 파악된다.

당초 중국 정부에서도 70억 불의 투자를 하는 삼성반도체공장 설립과 관련하여 많은 고용 및 산업파급효과를 기대했으나, 중국 정부와 시안투자진출 초기기업들의 이러한 기대는 바람에 그치고 말았다. 실제로 삼성반도체의 투자금액은 70억 불이 집행되었으나, 반도체 산업의 특수성을 감안하지 못한 예측이 문제였다. 현지 반도체 생산공장은 전자동화되어 천장에서 로봇팔이 부품을 이동시키는 최첨단 시스템으로 현지 고용인력은 2,600명에 불과했고, 삼성반도체공장 설립 당시 동원된 수백 명의 삼성 측 건설 및 기술인력은 공장준공(2014년 5월) 이후 모두 철수하면서, 한국 교민사회 인원은 급격히 줄어들게 되었고, 한국식당은 직격탄을 맞게 된 것이다. 더구나 반도체 산업은 자동차산업과 달리 산업생태계가 매우 단순한 구조로 되어 있어, 주로 화학가스 분야 협력업체 등 20

여 개의 한국협력업체만 진입한 것도 문제였다. 실질적인 한국협력 중소업체가 많지 않았으며, 2차, 3차 하도급 업체 규모도 매우 적었던 것이다.

<시안 삼성반도체공장 준공>　　　　<시안의 한인 식당거리>

또 하나, 시안이라는 지역적 특수성도 시안진출 감소에 한몫을 했다. 실질적으로 시안은 연해지역에서 1,400㎞ 이상 떨어진 지역으로 아직 물류가 커다란 난제로 남아있었으며, 소비구매력도 주변의 충칭에 비해 크게 떨어지는 등 내수시장으로서의 매력도가 그리 높지 않았던 것이다. 초기에 시장조사를 들어왔던 한국 기업들은 이를 체감하고 투자를 포기하거나 다른 지역으로 대안을 찾으면서 시안에 대한 추가적인 투자진출이 하락했다.

2016년 초, 시안은 교민수가 4,000여 명까지 줄어든 것으로 추정되며, 한국식당은 계속 문을 닫으면서, 중국 현지인을 대상으로 사업전략을 바꾸는 등 생존의 몸부림을 치고 있는 상황이다. 중국 내수시장을 노리고 들어왔던 전자제품 소매업체와 대당서시의 한국 제품 홍보관 역시 아직 영글지 않은 소비시장을 두드리느라 고전하고 있지만, 최근 중국 경기 침체 분위기와 온라인 마케팅 강세의 현상 속에 장밋빛 미래는 그려지지 않는 것이 현재 시안의 모습이다.

지독한 매연으로 뒤덮인
1,000년 역사도시 장안

장안(長安)이라고 불리었던 도시, 동쪽으로는 황허 강이 에둘러 흘러가고, 남쪽으로는 해발 2,000m가 넘는 진령산맥이 보호해주는 천혜의 황제도시(皇都)였던 역사를 가지고 있던 산시성 시안. 이러한 역사적 사실을 근거로 시안 사람들은 아직도 중국의 고대문명 역사의 자부심이 대단하다. 간혹 중국인사들과 저녁 술자리를 하게 되면, 당나라 시절 외국 사신들을 맞이하며 천하를 호령했던 기억을 지금까지 자긍심으로 생각하며, 그들에게 있어 한국도 예전에 조공을 바치던 신라(新羅) 그 이상, 그 이하도 아닌 게 되어 버린다.

그런 시안이 지금 매연과 스모그에 갇혀 있다. 고속성장의 후유증으로 중국 전역이 몸살을 앓고 있는 상황이지만, 시안은 그중에도 전국 하위권을 고정으로 차지하면서 베이징, 정저우 등과 후위에서 선두를 다투는 형상이다.

시안의 지독한 스모그의 원인은 다양하지만, 주요 원인은 질이 낮은 석탄을 난방용으로 사용하기 때문이다. 중국 정부의 도시화 정책으로 인해 빠른 속도로 건설 인프라 구축 등 도시화가 진행되고 있지만, 아직 겨울철 난방의 핵심원료는 석탄이다. 더욱이 시안은 중국 내 석탄 생산량 3위 지역으로 화력발전소 역시 여러 개가 가동되고 있다. 석탄은 소득수준이 높지 않았던 시안지역 겨울철 난방의 중요한 자원이었던 것이다. 그러나 석탄도 수준이 있고 고급과 저급의 차이가 있다. 시안지역에서 일반적으로 사용되는 석탄은 질이 낮은 갈탄인 것이다. 그리고 갑작스럽게 늘어난 자동차 역시 매연의 주범이다. 특히 검은색 연기를 내뿜으면서 다니는 화물차들의 매연은 중국 자동차 매연관리의 현주소를 보여준다

<미세먼지에 덮인 시안>

중국 정부에서도 가만히 보고만 있지는 않다. 강력한 환경보호 조치와 정책을 시행하고자 다양한 지침과 목록, 지도 감시 등을 하고 있다. 산시성 환경과학국에서는 기술연구인력을 기반으로 환경개선 기술개발 등을 추진하고 있고, 기업들에 대해서는 오염물질 배출기준을 강화하여 강력한 페널티를 주는 등 단속도 심하다. 그러나 당장의 효과는 의문시되는데, 문제는 서부 대개발정책을 추진해야 하는 산시성 차원에서 산업인프라 건설은 계속되어야 하고 도시화 정책으로 확대되는 신규도시는 더 많은 에너지 소비가 불가피한 현실인 점을 감안할 때 시안의 매연과 스모그가 당장에 해소되기는 어려워 보인다.

진시황제가 최초로 통일을 이루었을 때 시안의 이런 모습을 봤다면, 당장에 수도를 옮기지 않았을까?

대기업 협력업체의
동반진출 한계와 자구노력

중국에 투자진출하는 기업은 크게 3가지로 분류해 볼 수 있을 듯하다. 하나는 90년대 말부터 2008년까지 주로 산둥성 지역 위주로 진출했던 제조생산형 투자기업, 두 번째는 중국의 깨어나는 소비시장을 목표로 진출하고 있는 소비시장 개척형 투자기업, 마지막으로 기업의 의지보다는 대기업의 중국 시장 진출에 따라 반강제로 진출하게 되는 대기업협력형 투자기업이 그것이다.

2015년 현재 중국에는 현대자동차를 비롯한 자동차 산업, 삼성전자를 필두로 한 IT전자산업, 롯데마트로 대표되는 유통산업분야 등에서 한국의 대기업이 진출하여 거대한 중국 소비시장을 얻어내고자 세계 500대 기업과 치열한 승부를 펼치고 있다. 현대자동차는 2002년에 베이징에 진출한 이후 많은 협력업체와 동반진출하여, 베이징 TAXI 시장을 석권하면서 순조로운 상승세를 탔으며, 베이징 2공장에 이어 충칭에 새로운 공장설립을 준비하고 있다. 기아자동차는 옌청시 인민정부의 전폭적인 지지를 기반으로 600여 개의 협력업체와 함께 장쑤성 옌청에 대규모 생산기지를 운영하고 있으며, 향후 생산공장을 확장할 예정이라고 한다. 삼성전자와 LG전자 역시 저장성 쑤저우와 광둥성 지역에 대규모 생산기지를 설립하여 휴대폰 및 디스플레이, 백색 가전등을 생산하고 있다.

시안 또한 2014년 삼성전자에서 70억 불을 투자하는 산시성 역대 최대 규모의 외자기업 투자를 통해 중국 시안 삼성반도체 유한공사를 설립하였고, 100여 개의 협력업체를 거느리고 있다. 이중 한국 중소기업 협력업체는 20여 개 내외로 추정되고 있으며, 주로 반도체 장비 부품 및 특수가스 등 화학분야 협력업체가 다수를 이루고 있다.

대기업협력업체로 중국에 진출한 기업들은 대기업의 현지 시장 영업성과에 따라 생산량을 맞추기만 하면 되므로, 현지시장 진출이나 영업을 크게 우려하지 않아도 되었을지 모른다. 현지에서 직원관리 및 생산효율성 지표만 관리하면서 대기업에서 오더에 대응만 하면 되었으니 국내 본사에서도 리스크를 크게 생각하지 않았을 것이다. 그러나 시장경제는 언제나 치열한 정글과도 같고 앞날을 예측하기 어려운 것이 현실인데, 국내에서 천하를 호령하던 한국 대기업들도 중국 시장에서 무한한 성장이 가능할 것이라고 예측한 건 자만이었을까? 2013년 중국중앙정부에서 '신창타이' 시대를 주창하면서 반부패, 경제구조조정 방침을 선언한 이후 중국 경제는 꺾이기 시작했고, 인건비 경쟁력 위주의 한국 대기업 생산공장 역시 경쟁력을 점차 상실하면서 시장점유율이 점차 하락하기 시작했다.

　초기 대기업 중국 진출 시 협력업체를 대상으로 당근과 채찍을 휘두르며, 동반진출을 요구했던 대기업들은 중국 내에서 점차 경쟁력이 밀리자, 한국 동반진출 협력업체를 압박하기 시작한다. 대표적인 것이 납품단가 인하 압력인데, 심지어 중국 현지기업과 단가 경쟁을 시키기 시작했다. 중국 현지에서 중국 기업과 납품단가를 경쟁하려면, 뭐하러 굳이 중국까지 와서 공장 짓고, 중국에 세금을 내며, 외국기업으로서 겪는 애로를 극복할 필요가 있을까? 일부 대기업은 공장 자체를 베트남 등으로 이전해 버림으로써 현지에 남은 동반협력업체는 낙동강 오리알 신세가 된 경우도 있다. 동반협력업체도 중국을 떠나면 될 거라고 생각하기 쉽겠지만, 현재 중국 내에서 외국기업이 정상적으로 절차를 밟고 청산하기 위해서는 빨라도 6개월은 소요된다는 것이 정설이며, 몇 년째 청산을 하지 못하고 있는 한국 중소기업도 있다. 결국 동반진출한 대기업협력업체들은 대기업의 지원 없이 중국 내에서 생존해야 하는 사명에 내몰리게 되는 것이 현재의 추세라고 볼 수 있다.

　시안의 경우에도 예외는 아니다. 당초 삼성반도체는 시안지역에 초기 70억 불 투자 이후 계속 생산라인을 확대할 계획이 있었고, 동반진출 한국협력업체들도 그러한 계획을 믿고 따라서 진출한 것인데, 1기 공장 설립 이후 후속 생산라인 건설계획이 계속 연기되면서 불투명해지고 있는 현실이다. 동반진출 협력업체 입장에서는 1기 공장 가동률만 가지고서는 수익률을 맞출 수 없기 때문에 계속 적자를 감수하고 있다. 최근 일부 협력업체는 생산가동률이 너무 낮아 수익률을 개선하기 위해 직접 중국 바이어를 발굴하는 영업전선에 뛰어든 기업도 있다. 대기업만 믿고 영업 걱정 없이 중국에 진출했던 동반진출 협력업체들이 직접 중국 시장을 개척해야 하는 영업전선에 내몰리게 되었으며, 이것이 현재 대기업협력 진출업체의 현실인 것이다.

대기업협력업체의 중국 시장 동반진출에 신중해야 할 이유이고, 진출했다면 중국 시장을 직접 개척할 수 있는 기술적, 영업적 역량도 개발하는 자구노력이 필요한 시점이다.

제2장

시안은 어떤 지역인가

01

시안의 역사적 고찰

　중국 1,000년 역사의 도시라는 별칭에도 불구하고, 시안에 대한 역사가 기술된 자료는 그리 많지 않다. 그러나 조금씩 자료를 찾아가다 보니 그 이유를 알 수 있을 것 같았다. 시안의 역사는 그야말로 중국 고대 역사를 다 담고 있을 만큼 방대하고, 중국인들에게 있어서는 어머니와 같은 도시이기 때문일 것이다. 일부 자료에서는 진시황제의 진(秦)나라로부터 대하(大夏)국까지 13개 왕조의 1,100년 수도 역사를 시안의 역사로 보고 있지만, 거슬러 올라가 보면 기원전 1046년 주(周)나라 시대부터 시안의 역사는 시작된다. 주나라는 고공단부(古公亶父)라는 태왕(太王)이 현재 산시성 지역에 터를 잡으면서 시작되는데, 점차 강성해진 주나라의 무왕이 상(商)나라를 제압하고 수도를 호경(鎬京; 현재의 시안)으로 옮기면서, 시안이 비로소 역사 속에 등장하기 시작한다.

　시안의 최초의 이름은 바로 호경이다. 이러한 시안의 명칭은 후에 한나라 유방이 수도를 정하면서 장치구안(長治久安; 오랜 기간 안정하게 다스림)의 의미를 두어 장안(長安)이라는 이름을 얻게 되고, 당나라 때까지 수도로서 이 명칭을 유지하였다. 이후 원나라 때 봉원성(奉元城)으로 변경되었다가, 명나라 때 안정서북(安定西北; 서북지역을 안정하게 하라)는 의미에서 시안(西安)이라는 현재의 명칭이 되었다.

진시황제와 초한지의 역사 속 시안

주나라 이후 시안이 다시 역사에 등장하는 시기는 춘추전국시대였다. 주나라의 통제권이 약해진 중국 중원에서는 140여 개의 제후국이 난립한 가운데 춘추오패(제환공, 송양공, 진문공, 진목공, 초장왕)가 영향력을 발휘하고 있었고, 각 제후국 간의 피비린내 나는 전쟁 후에 7개의 강한 제후국만 남게 되었다(전국시대). 이중 진(秦)의 거점지역이 현재 산시성 시안지역인데, 정확히 말하면 현재 시안의 공항이 있는 함양(咸陽)이다. 치열한 전국7웅(조(趙)·한(韓)·위(魏)·제(齊)·연(燕)·진(秦)·초(楚))의 전쟁 끝에 기원전 221년 전국을 통일한 진시황제는 현재 시안지역(함양)에 수도를 정하고 중국 고대역사의 공식적인 수도(首都) 역할을 담당하기 시작한다.

사마천의 『사기(史記)』에 보면, 진시황제가 태어나고 왕권을 잡기까지의 사실이 기록되어 있는데 재밌는 부분이라 잠시 언급하고자 한다. 전국시대 7개 제후국이 서로 합종연횡을 하고 전쟁이 그치지 않던 시절, 각 국가는 상대국가에 왕의 가족을 볼모로 잡히는

것이 일반적이었다. 볼모로 잡힌 인물은 전쟁이 나거나 상대국가의
배신이 있을 경우 일차적으로 처형되는 것이 관례여서, 볼모로 이
끌려 온 왕의 가족은 그야말로 언제 죽을지 모르는 이슬 같은 삶
이었던 것이다. 당시 조(趙)나라에도 진(秦)나라에서 볼모로 보내진
자초(子楚: 진 소양왕(秦 昭襄王)의 손자) 공자가 조나라와 진나라의 관계
악화로 찬밥신세를 받으면 지내고 있었는데, 상술에 밝은 여불위(呂
不韋)가 이를 기화가거(奇貨可居: 진기한 것으로 잘 보관하면 나중에 이익이 될 투
자물건)로 여겨 모든 물적자원을 제공하고, 진황후에게 로비하며, 심
지어 자신의 첩까지 바치면서 자초공자를 진나라 왕으로 만드는
데 성공한다. 그런데, 그 첩이 여불위의 아이를 가졌던 게 문제였
다. 이를 몰랐던 자초공자는 그 아이를 자신의 후계자로 삼아 진
나라 왕으로 등극하는데, 이분이 바로 진시황제이다. 여불위는 비
록 나중에 진시황제의 의심을 받고 스스로 자결하여 생을 마감하
지만, 상인의 신분에서 왕에게 투자함으로써 한나라의 재상에까지
올랐던 입지적인 인물이다. 현재 중국인들의 투자에 대한 스케일
이 가히 짐작될 만도 하다.

　진시황제의 진나라는 짧은 시간에 도량형 통일, 화폐 통일, 만리
장성 연결, 병마용 건설 등 많은 업적을 이루었지만, 강력한 법치
제도와 이를 반대한 유학자들에 대한 분서갱유와 같은 사건으로
민심이 등을 돌리게 되어, 결국 진광, 오승의 농민반란으로 시작된
멸망의 길로 가게 된다. 이때 반란세력으로 등장한 영웅이 초한지
의 유방과 항우인데, 힘으로는 당할 자가 없던 항우가 사람을 끄는
매력을 가진 유방에게 결국 '사면초가'의 고사만 남기고 패배하게

되면서 유방의 한나라가 중국 역사 속에 등장하게 된다. 중국인들은 지금까지도 스스로를 '한족(漢族)'이라고 부르며, 한나라의 역사를 기억하고 있는데, 이 유방의 한나라 역시 수도를 장안(현재의 시안)으로 정하게 된다.

<진시황릉 병마용>

삼국지와 양귀비의 역사

한나라 이후, 저 유명한 삼국지의 배경이 되는 삼국시대, 위진남북조시대를 거치고, 다시 시안이 역사에 등장한 것은 580년 수나라가 중국을 다시 통일하면서 수도를 장안으로 정한 이후다. 수나라는 37년간의 짧은 역사 속에 고구려를 세 차례나 침략하였으나, 우리에게 너무나도 유명한 살수대첩 등에서 크게 패하면서, 국력이 쇠락하게 되고 결국 당나라에 왕조를 넘기게 된다. 당나라를 건국한 이세민은 장안을 수도로 정하고『정관정요(貞觀政要)』를 편찬하여 중국 역사에 남을 치세를 펼치게 되는데, 이를 기반으로 당나라는 대외영토를 확대하고 서쪽으로는 중앙아시아, 북쪽으로는 시베리아 변경에까지 이르는 '당제국'을 건설하게 된다. 이로 말미암아, 당제국에는 전 세계의 상인과 인물들이 모이게 되고, 장안은 그야말로 찬란한 국제도시의 면모를 갖추게 된다. 지금의 시안의 명물인 성벽은 이 당시 그 틀이 잡혔다고 볼 수 있고, 지금은 흔적만 남아있는 '대명궁' 터는 궁궐에서 차량으로 이동을 해야 할 정도로 규모가 거대하다. 서역과의 문물교류를 위해 만들어진 실크로드도 이 시기에 개척된 것이라고 하니, 현재 시안의 실크로드에 대한 자부심과 애착이 이해될 만하다.

그리고 우리에게도 너무나 유명한『서유기』의 실존 인물 삼장법사도 당나라 시대 인물이다. 현재의 인도인 천축국까지 가서 서역 불경을 가져와 시안 자은사에 대안탑을 세우고 그곳에서 불경을 연구했던 삼장법사의 실제 법명은 '현장'이다. 지금도 시안 취장문화지구에 가면 대안탑과 삼장법사의 동상을 만날 수 있는데, 주말이면 삼장법사와 사진을 찍으려는 인파로 북적인다. 당나라 시대 시안의 또 하나 유명한 것은 바로 당현종과 양귀비의 러브스토리가 아닐까 한다. 당나라 시인 백거이가 쓴 '장한가(長恨歌)'로도 널리 알려진 이 러브스토리의 역사적 장소가 바로 시안에서 동쪽으로 조금 떨어진 여산(麗山) 밑에 화칭츠(華清池)이다. 온천수로 유명한 이곳에서는 지금도 동절기를 제외하고 매일 저녁 두 사람의 러브스토리를 표현한 대형공연이 이루어지고 있고, 수백 석의 공연장은 수많은 관람객으로 매일 저녁 빈자리가 거의 없다고 한다. 그리고 화칭츠에는 또 다른 중국 역사의 중요한 현장이 있는데, 바로 국민 당 장개석이 장학량에게 감금을 당했던 '시안사변'의 현장이다. 지금도 현장에는 장개석이 머물렀던 숙소, 총탄자국 등이 보존되어 있고, 뒷산으로 올라가다 보면 장개석이 숨어있다가 잡힌 바위도 기념으로 보존되고 있다.

<매일 저녁 화칭츠에서 펼쳐지는 장한가 공연>

당나라 이후의 시안

907년 당나라가 패망한 이후 송나라가 개봉(開封: 현재 정저우 동쪽) 에 도읍을 정하면서 고대사 속에 시안의 역사는 멈추게 된다. 이후 송, 원, 명, 청과 같은 국가들이 수도를 항저우, 베이징, 난징 등으로 옮기면서 정치, 사회, 문화 방면의 중심지가 연해 지역으로 이동하게 되고, 중국의 개혁개방정책에 따른 수출 활성화로 현재 연해 지역 발전이 급속하게 이루어지게 되면서 시안은 시골 변방지역으로 가치가 하락하게 된 것이다.

그러던 시안이 중국을 발칵 뒤집어놓은 사건이 발생하게 되는데, 바로 1974년 병마용갱이 발견된 것이다. 역사 속 허구로만 여겨지던 병마용이 실제로 존재하면서, 중국뿐만 아니라 전 세계가 경악하게 되고 세계 8대 불가사의로 불리면서 시안을 다시 한 번 주목받는 도시로 만들어 준 것이다. 이후로 시안은 병마용을 활용한 관광산업이 농업 다음으로 주요한 산업이 되었는데, 한때 시안 GDP의 13%가 관광산업에서 유발되었을 정도라고 하니, 조상이 고생하고 후세가 먹고사는 모습이 조금 부럽긴 하다.

시안은 우리에게도 결코 멀고 낯설기만 한 도시는 아니다. 우리나라 화엄종의 대부라고 할 수 있는 신라 의상(義相)대사가 당나라 시대 시안에 있는 지상사찰에서 유학을 하였고, 최치원은 당나라 장안에 유학을 와서 빈공과에 급제하여 절도사의 직위까지 역임하면서 '토황소격문'으로 이름을 떨치기도 했다.[1] 그 당시 최치원 선생이 당나라 과거에 급제하고 연회를 즐겼던 '취장호수(曲江池)'에 가면 그당시 풍류를 조금이나마 느낄 수 있다. 또한 시안(시안시 이부가 4호)에는 한국광복군 총사령부가 1940년 11월부터 1942년 10월까지 있었다. 현재는 일대가 재개발되어 흔적을 찾아보기는 어렵지만, 시안총영사관의 노력 끝에 시안시 장안구 두곡진에 '광복군 제2지대

---

1) 주 시안 대한민국 총영사관, 한국-산시성 교류사, 2014.

표지석'을 설치하여 그 당시 대한민국 광복을 위해 노력하신 선열들에 대한 마음을 조금이나마 기억할 수 있는 자리가 마련되었다.

　고대 중국의 찬란하고 격동적인 역사 속에 시안이 근현대까지 중국의 변방지역으로 취급되다가 지금 다시 중국의 중심으로 떠오르려 하고 있다. 실크로드 일대일로 전략의 핵심지역으로, 중국 내륙시장 개척의 중심지역으로 다시 비상하려는 시안의 향후 움직임이 기대된다.

02

시안이라는 도시

    시안이라는 도시가 2013년 박근혜 대통령 방문 이후 한국 내에서도 많이 알려져 관심도가 높아지고 있다. 때마침 삼성전자에서도 70억 불을 투자해 반도체생산공장을 설립하고, 삼성SDI에서는 자동차용배터리 생산공장을 준공함으로써 한국 기업체들의 투자 진출도 많아지고 있어 시안에 대한 향후 한국 기업의 관심이나 진출은 계속될 것으로 보이는데. 다만, 아직 한국에서 시안이라는 도시에 대하여는 생소한 부분이 많고, 중국을 조금 아는 분이라도 병마용과 양귀비 정도만을 떠올리는 것이 일반적인 현실이라 시안에 대한 기본적인 내용은 이해하고 넘어갈 필요가 있다고 생각된다. 주요 경제지표나 산업분야별 데이터는 산시성 인민정부, 코트라, 시안총영사관 등에서 제공하는 자료가 많으므로, 여기서는 시안이라는 도시에 대한 특색을 가볍게 이해하고 넘어가는 정도로 언급하고자 한다.

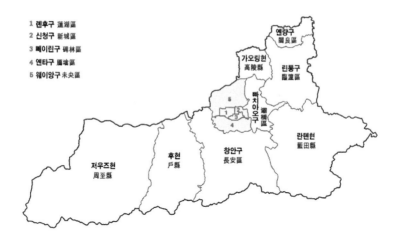

1 롄후구 蓮湖區
2 신청구 新城區
3 베이린구 碑林區
4 옌타구 雁塔區
5 웨이양구 未央區

옌량구 閻良區
가오링현 高陵縣
린퉁구 臨潼區
바치아오구 灞橋區
란톈현 藍田縣
창안구 長安區
후현 戶縣
저우즈현 周至縣

　공식적인 시안의 행정구역은 위 도면만큼 크지만 현재 실제로 도시화된 구역은 상단의 색칠된 부분 정도로 생각하면 된다. 창안구 지역에 삼성반도체 생산공장이 설립되면서 주변 지역 도시화 및 발전이 확대되고 있어 도시규모는 더 확대될 것으로 보이지만, 그래도 시안에 빈 토지와 발전을 기다리는 관중 평야가 이토록 넓다. 면적은 우리나라 경기도 면적으로 생각하면 비슷하다, 다만 우리나라는 경기도 면적 안에 2천만 명이 살고 있지만, 이곳에는 8백만 명이 살고 있고, 그나마 대부분 흩어져 있는 상황이라 도시 내에서도 인구가 많다는 느낌은 크게 들지 않는 것이 이 도시의 특징이 아닐까 한다. 다만 관광객이 모이는 곳은 예외다. 주말에 종루 옆 회족거리를 걸을 때 온갖 인종과 민족이 뒤엉켜 의지와 상관없이 떠밀려 다니다 보면 정신을 못 차릴 정도다.

<시안시 개요>

구분	내용
지역명	시안(西安) / 중국명 Xi'an / 舊 장안(長安)
면적	10,108㎢
인구	862만 명(2014년 기준)
기온	연평균 15.2℃ / 강수량 연간 660mm(2014년기준)
주요 산업	전자정보(IT), 에너지, 제조업, 농업, 관광서비스산업 등
1인당 총생산액	63,794위안(약 10,289달러) / 전년대비 9.4% 증가
언어	보통화, 관중어

* 섬서통계연감(2015)

　시안은 우선 역사의 도시다. 13개 왕조가 태동하여 3,100년의 역사를 간직하고 있는 시안은 장안성벽, 종루, 병마용, 화칭츠(华清池, 화청지), 첸링(乾陵, 건릉) 등 웬만한 도시는 1~2개 가지기도 힘든 역사적 유물과 건축물을 무수히 많이 보유하고 있어 중국인뿐만 아니라 해외관광객들의 발길도 끊이지 않는 관광 도시로서의 특징을 보유하고 있다. 또한 시안의 동쪽으로 1시간여를 차로 달리면 중국 5악 중에 하나인 화산(華山)이 그 위용을 자랑한다. 예전 영웅문이라는 무협소설에 등장하는 화산논검(華山論劍)으로 우리에게는 더 유명한 이 악산(岳山)은 숭산(嵩山), 형산(衡山), 항산(恒山), 태산(泰山)과 더불어 5대 악산에 손꼽히고 있는데, 그 위엄과 장대함은 직접 눈으로 경험해 볼 필요가 있는 중국 내 필수 관광코스이기도 하다. 산세가 워낙 험해서 걸어서 등반하는 사람은 드물고, 도전을 좋아

하는 산악인들이 시도를 하고 있지만 길이 좁고 위험한 구간이 많아 일반인들은 케이블카를 이용하는 경우가 대부분이다. 케이블카는 북봉(北峰)으로 올라가는 구간과 서봉(西峰)으로 올라가는 구간이 있는데, 시간이 없는 경우에는 반드시 서봉으로 올라가서 보고 오는 게 훨씬 낫다. 케이블카의 스릴도 더할뿐더러 마지막 병풍처럼 앞을 막아서는 서봉의 위용을 보면 절로 감탄이 터지기 때문이다.

<화산(華山) 케이블카 전경>

시안의 또 다른 특징은 소비의 도시라는 점이다. 물론 상하이, 선전 등 연해지역의 소비수준에 비해서는 크게 뒤처지는 면은 있지만, 중국 서부 12개 도시를 비교했을 때, 충칭(重慶, 중경), 청두(成都, 성도)에 이어 3번째로 소비규모가 큰 도시이다. 현재는 8백만 인구에 불과하지만 향후 시안 국제 대도시화 정책이 완성될 경우 인구 1,000만 도시로 거듭나게 되고, 소득수준이 계속 상승하고 있

는 현 추세를 감안할 때 잠재력은 무시할 수 없는 내륙지역 중요 소비 거점 도시가 될 것이다. 시안지역 소비자의 특성은 강한 자존심과 보수성이다. 소득수준이 높지는 않지만 가격이 싸다고 무조건 구매하지도 않으며, 인지도가 낮은 외국 중소형 브랜드를 선호하지도 않는다. 그래서 초기에는 시간과 노력이 많이 필요한 현실임에 따라, 시안 소비시장에 진출을 위해서는 현지 파트너확보가 필수적이라고 생각한다. 시안의 대표적인 상권은 종루(鐘樓)와 샤오차이(小寨)를 들 수 있다. 성벽 내에 있는 종루는 한국의 종로와 비슷한 개념과 위치를 상상하면 되는데, 주로 외국인 관광객들이 많은 특징이 있으며, 샤오차이는 한국의 명동 정도로 생각하면 된다. 한국의 명동처럼 외국인이 많지는 않지만, 시안 시내 젊은층들과 주요 소비계층이 이곳으로 몰려들어 소비를 하는 경향이 많다.

<사람으로 넘치는 종루 회족거리 상권>

주말에는 거대한 육교가 사람으로 가득 차 밀려다니는 경험을 할 수도 있다. 그러나 최근 타오바오로 대표되는 중국 온라인 상거래 열풍이 거세어지는 상황이라, 현지 주요 상권의 매장매출은 성적이 점점 낮아지고 있어 중국 도매상들의 고민도 깊어지고 있는 상황이다.

<시안시 주요 상권>

상권명	주요 고객	특징
종루(鍾樓)	전 세대	중국 서북지역 최대 상권임. 종로 사거리를 중심으로 상권형성, 각 거리별 특색. 东大街- 소매업 西大街- 당나라 건축풍 건물 많음 南大街- 고급 명품 쇼핑 北大街- 고급아파트, 금융권
샤오차이(小寨)	10~30대	젊은층이 많이 찾는 지역으로 백화점 외에도 각종 의류 매장, 핸드폰 매장 등이 위치.
북경제개발구 (北經濟開發區)	전 세대	시안시 정부청사의 이전과 지하철 북역이 생기면서 상권 형성. 생활권 상권으로 마트, 가전 등.
가오신(高新)	30~40대	신흥상권으로 고급 백화점 마트 등이 있으며 대규모 주택이 배후지역으로 형성.
캉푸루(康復路)	중, 저소득층	1970년대 상인들이 가공이나 의복 도매를 시작한 곳으로 현재는 구두, 가방, 속옷, 차 도매시장 성업.
띠엔즈청(電子城)	대학생, 직장인	주변에 R&D 센터와 대학이 많으며 전자용품 및 일상용품의 시장이 형성.

* 산시성시안 기업진출가이드북(시안총영사관) 2014

시안은 교육의 도시다. 시안시 관내에만 우리로 따지면 대학교에 해당하는 '보통고등학교'가 63개에 달하고, 전문대학까지 합치면 85개의 대학교육기관이 있다. 재학 중인 대학생 수만 85만4천 명에 이르고, 매년 21만3천 명이 배출되고 있는 중국 서부지역 최대의 인재 보유도시라고 볼 수 있다.[2] 대학 수만 많은 것이 아니다. 2012년 중국교우회망(中國校友會網)의 중국 대학평가에서 시안교통대학은 19위를 차지했으며, 서북공업대학은 30위, 서북대학은 40위, 장안대학은 49위, 시안전자과기대학은 59위를 차지하고 있어 중국의 베이징, 상하이 다음으로 3대 교육도시로 불리고 있다. 시안외국어대학은 1952년 중국에서 최초로 설립된 4개의 외국어대학 중 한곳으로 연해지역 외국어대학에 비해 절대 뒤처지지 않는 경쟁력을 가지고 있고, 한국어과 재학생 대부분이 한국 및 북한연수를 다녀오는 등 우수한 실력을 보유하고 있다. 이러한 우수한 인재들은 대부분 시안지역 및 주변도시에서 유학 온 학생들이고, 이들은 지역적 보수성의 영향으로 중국 연해지역에 비해 이직률이 높지 않아, 기업들 입장에서는 이직률이 낮은 우수인력을 확보할 수 있는 매우 매력적인 진출 조건 중에 하나일 것이다.

이러한 역사와 문화, 교육적 특색을 가지고 있는 시안이 서부경제의 중심에 서고자 꿈틀거리고 있다. 서부 대개발정책을 시작으로 건설되기 시작하는 SOC인프라, 항공우주, 자동차, 정보통신분야의 적극적인 외자 유치를 통한 산업인프라 구축 등이 가시화되면서, 당나라 시대의 찬란했던 영광을 되찾기 위한 발걸음이 빨라

---

2) 시안시 통계국, 2015 시안시 통계연감, 2015.

지고 있는 것이다. 2013년 시진핑 주석이 주창한 실크로드 전략이 그 역사적 배경의 도시 시안에서는 어떠한 모습으로 구현될지 궁금하다.

시안의 주변도시 현황

산시성 내에서 시안이 차지하는 경제적 비중이 높고 성도(省都)로서의 위치를 가지고 있지만, 시안의 주변도시 역시 역사적, 경제적 다양한 특징을 가지고 있다. 지방인민정부의 초청으로 자주 시안 외곽도시를 방문한 경험에 따르면, 시안 주변도시 역시 나름대로 산업적인 강세와 우수한 인프라를 가지고 있다. 그리고 연해지역에서 이미 그 효력을 상실한 외자기업 환대 분위기는 우리로서도 마다할 필요 없이 관심을 가져볼 만하다고 생각된다. 실제로 최근 입주한 삼성SDI 협력업체 중소기업들은 시안을 마다하고 셴양시(咸陽市, 함양시)와 웨이난시(渭南市, 위남시)에 투자진출을 한 상태다. 중앙정부의 외자기업 우대혜택 축소 분위기로 인해 공식적인 세제혜택 등 우대혜택을 기대하기는 어렵지만, 지방정부의 순수한 투자유치 태도 및 열정이 어느 정도 외상투자기업의 마음을 움직였던 것으로 보인다.

시안의 북쪽에 위치한 동천시(銅川市)는 인구 8만여 명의 작은 도시지만, 높은 석탄매장량을 기반으로 에너지 도시라는 별칭을 가지고 있고, 약왕고리(藥王故里), 요주와도(耀州瓦都), 옥화궁(玉華宮) 등의 관광지를 보유하고 있어 휴양의 도시 기능도 가지고 있다. 29억 톤에 달하는 석탄매장량을 활용한 열에너지 공급사업을 중점 추진하고 있고, 사과, 앵두, 호두 등 생산량이 많아 과일 가공산업 발전

가능성도 높은 지역이다.

셴양시는 시안 국제공항을 보유하고 있는 도시로, 시안과 인접하여 거의 공동생활권을 가지고 있다. 실제로 시안국제대도시 계획은 셴양시와 시안시의 중간지역에 서함신구(西咸新區)라는 거대한 산업생태도시를 건설하여 일체화시킨다는 계획인데, 셴양시 인구가 현재 525만 명에 달하므로, 셴양시와 시안시가 합쳐진 거대도시가 완성되게 되면 1,500만 명에 육박하는 인구를 보유하게 될 것이다. 셴양시 인민정부는 현재 국가급 개발구인 서함신구 산업단지 내에 '한국중소기업산업원'을 설치하여, 한국 기업만을 위한 특화된 우대혜택 등 서비스를 제공하고자 하며, 한국 기업을 대상으로 투자유치에 열을 올리고 있다. 서함신구는 2014년 1월 국가급 신구로 승격되면서, 각종 사회편의시설과 산업단지 등 인프라 구축이 한창 진행 중인데, 총 5개 구역으로 나뉜다. 공항신성, 경하신성, 진한신성, 풍동신성, 풍서신성이 그것인데, 공항신성은 시안 공항 부근에 위치하며 항공물류, 국제무역, 정비수리산업을 중심으로 발전시킬 예정이고, 경하신성은 도시농업, 환경에너지 중심으로, 진한신성은 진나라와 한나라의 역사문화유적지를 기반으로 문화산업, 친환경 레저산업 중심으로, 풍동신성은 과학기술, 하이테크기술, 전시회 등 산업 중심으로, 풍서신성은 신재료, 생물의약, 정보처리기술 등 전략산업 중심으로 개발해 나갈 계획을 가지고 있다.[3]

시안의 서쪽에 인접한 바오지시(寶鷄市, 보계시)는 관중 평야 남쪽을 막고 있는 진령산맥의 맨 서쪽에 위치하고 있으며, 산시성에서

---

3) 산시성 상무청, 산시성 비즈니스 가이드북, 2014.

가장 높은 태백산(太白山; 해발 3,767m)을 보유하고 있는 도시로써 티타늄 생산과 신재료연구개발 등 공업의 요충지다. 인구는 373만 명을 보유하고 있고 부처님 사리가 보관되어 있다는 법문사(法門寺)가 유명한 관광지이며, 진령산맥 태백산의 물이 좋아서 중국 내 유명한 생수회사 '농부산천(農夫山泉)' 생산공장이 위치하고 있다. 또한 중국 4대 명주에서 꼭 빠지지 않는 '시펑지우(西鳳酒, 서봉주)'의 원산지가 바로 바오지시인데, 바이주 특유의 독한 냄새가 적고 목 넘김이 부드러워 한국인들의 취향에도 적격이다. 최근에는 한국에도 유명세가 높아져 출장자들의 단골 선물메뉴로 애용되고 있다. 그러나 바오지시의 특징은 무엇보다도 티타늄이라고 할 수 있다. 중국 전체 티타늄 생산량의 과반 이상을 바오지시에서 생산한다고 하니 그 규모와 스케일에 다시 한 번 놀라게 된다. 바오지시 역시 신재료 및 철강 관련 기술보유 한국 기업 유치를 적극 희망하고 있어 관련 분야에 관심 기업은 한 번 방문해 볼 만한 가치가 있다.

시안의 동남쪽에 위치한 상뤄시(商洛市, 상락시)는 친환경 자연도시라는 느낌이 드는 도시다. 시안에서 이동할 때 진령산맥을 넘어 여러 개의 터널을 통과해서 가야 하기 때문에 거리에 비해 시간이 많이 소요되는 단점이 있지만, 그만큼 오염되지 않고 깨끗한 환경을 유지하게 된 것이 아닐까 한다. 상주인구 243만 명의 도시로 최근 투자유치가 활성화되면서 친환경 에너지 기업들이 점차 증가하고 있는데, 대표적인 기업이 'BYD' 태양광 기업이다. BYD는 중국의 국내 자동차 업체 중의 하나로 시안에 생산공장을 가지고 있는 기업이지만, 상뤄시의 풍부한 규소(Si) 원자재를 기반으로 태양광전지

생산공장을 가동하고 있는 것이다. 산악에 둘러싸인 상뤄시는 지역적 특성상 야생 식자재 및 약재가 많이 산출되고 있어 생물의약 분야에 있어 투자 검토가 추천되는 지역이다. 중의약재 산출품종이 1,192종에 달하고, 그중에 고급 약재도 56종이 산출되어 중국 전역에서도 상위에 속한다고 하니 향후 상락지역 생물의약산업 발전이 기대된다. 상뤄시 인민정부의 부시장(副市長) 역시 한국 기업 유치에 매우 적극적인 태도를 보이고 있었으며, 최초 한국투자기업이 진출할 경우 적극적인 지원을 아끼지 않겠다는 말을 여러 차례 건네왔다. 한국의 강원도를 연상시키는 아름다운 상뤄시에서 한국 최초 투자기업으로 진출하여 외국기업이 생소한 현지 지방정부로부터 여러 가지 혜택을 누려 보는 것도 검토해 볼 만하지 않을까.

웨이난시(渭南市)는 산시성에서도 조금 특별한 인연을 가지고 있다. 바로 현재 주석인 시진핑의 아버지 시중쉰 선생의 고향이 웨이난시다. 이런 이유로 웨이난시 사람들의 자부심은 다른 산시성 지역사람들과 다른 점이 있다. 웨이난시 사범대학에는 시중쉰 선생의 혁명성과와 역사를 전시하는 전시실이 따로 설치되어 있어 외빈들에게 반드시 소개하는 코스로 활용하고 있었다. 상주인구가 554만 명인 웨이난시는 물류산업, 에너지화공산업, 식품가공업, 관광업 등을 중심으로 발전전략을 세우고 다양한 프로젝트를 추진하고 있는데, 2013년 웨이난시는 총 337개의 프로젝트 투자유치에 성공하여 494억 위안의 투자유치를 성사시켰다. 현재 시주석의 영향이 전혀 없지는 않겠지만 주변도시로서 무시할 수 없는 성과로 볼 수 있다. 웨이난시에서 또 하나 우리가 주목할 사항은 '3D프린터 산업단지'였다. 차세대 산업신기술이라고 할 수 있는 3D프린터 기술과 관련하여, 전문산업단지를 만들고 관련 산업기술개발 및 상업화에 국가 차원에서 다양한 지원이 이루어지고 있었던 것이다. 개인적으로 시안에 진출한 한국 기업이 입주할 수 있도록 도와주기도 했지만, 아직 초기 단계인 한국의 3D프린터 산업현실에 비해 중국 국가 차원의 관련 시설 지원 및 인프라는 못내 부러우며 씁쓸한 뒷맛이 지워지지 않는다.

<웨이난시의 3D프린터 전용산업단지 계획도>

이외 안캉시(安康市, 안강시), 옌안시(延安市, 연안시) 등 산시성 내 주요 지방도시는 모두 지금 실크로드 전략에 힘입은 개발 진행 중이다. 모두 특색있는 산업단지 및 인프라구축을 계획하고 있고, 외자기업의 진출을 간절히 바라고 있는 게 현재 상황이다. 20년 전 중국

연해지역에서 한국 기업 유치를 위해 추진했던 노력을 이제는 중국 서부지역 지방도시들이 하고 있다. 어찌 되었든 초기에 진출하면 무형적인 환대와 보이지 않는 다양한 지원이 가능할 수도 있는 점을 감안한다면, 외국기업을 경험해보지 못한 시안 외곽 지방도시 진출을 고민해 보는 것도 꼭 나쁘지만은 않을 것이다. 다만, 반드시 철저한 준비와 점검은 필수다.

04

삼국지 역사와
유채꽃의 향기를 품은 한중

　우리나라에서도 삼국지를 좀 읽었다고 하시는 분들은 한중(漢中)이라는 지역을 기억하실 것이다. 물론 사마천의 『사기(史記)』에도 한중은 등장한다. 그만큼 고대 역사 속에 한중은 꽤나 중요한 지역이었던 듯하지만, 신중국 설립 이후 한중은 시안과 마찬가지로 그야말로 역사 속에 묻혀 잊혀 가는 옛 소도시였고, 중국의 빠른 발전에도 편승하지 못한 조용한 유채꽃의 도시였다. 그러나 중국의 내륙지역 발전계획과 실크로드 일대일로 전략은 이 주변지역의 인프라를 개발시켰고, 더불어 수천 년 역사의 도시 한중을 깨어나게 했다. 2015년 중국 중앙정부는 7%의 GDP 성장률도 지키기 버거웠고, 서부 대개발 혜택을 받은 시안도 8% 성장에 그쳤지만, 한중은 무려 11%가 넘는 경제 성장률을 기록했다. 북쪽의 진령산맥과 남쪽의 파산(巴山) 속에 둘러 있는 인구 386만의 소도시가 이처럼 빠른 성장을 이루고 있는 이유와 우리와의 협력 합작 가능성을 살펴보고자 한다.

고대 역사 속의 한중

　중국 역사서 『사기』에서 한중이 처음 등장하는 것은 기원전 779년 주나라 주유왕(周幽王) 때이다. 그 당시 한중은 포국(褒國)이라는 작은 나라였는데, 주유왕이 병사를 일으켜 포국을 공격하였고, 이때 포국은 전쟁에서 패하고 포사(褒姒)라는 여인을 주유왕에게 바친다. 주유왕은 포사의 매력에 금방 빠지게 되어 깊이 사랑하게 되고, 다음 해에 희백복(姬伯服)이라는 아들까지 낳자, 그 사랑이 더욱 깊어져 기존의 왕비 신후(申后)를 폐위하고 포사를 왕비로 맞이하고 그 아들 희백복을 태자로 삼기까지 한다. 여기까지는 중국의 일반 왕조 역사와 다를 게 없지만 포사가 중국에서 유명한 여인으로 회자되는 이유는 다른 데 있다. 바로 중국판 양치기 소년 스토리의 주인공이 바로 주유왕과 포사인데, 포사는 아름다운 얼굴이지만 천생에 잘 웃지 않는 성격이었다고 한다. 그 당시 주나라는 왕과 그 주위의 제후로 구성된 국가였으며, 왕이 봉화를 올리면 제후국이 달려와 함께 외적을 물리치는 방어 시스템이었던 듯한데, 어느 날 지금의 여산(麗山) 위에 있는 봉화가 실수로 불길이 붙어 주변 제후국들이 병사를 이끌고 주유왕에게 달려왔다. 그러나 봉화가 실수인 것을 안 제후들은 어이가 없어 하며, 당황하는 상황이 발생하자 이 모습을 보고 있던 포사가 웃음을 터트린 것이다. 그 웃는 모습이 어찌나 아름다웠던지 주유왕은 행복해했고, 그 이후로도 몇 차례 봉화를 거짓으로 올려 제후국들이 달려오게 했고 그때마다 포사는 웃음을 터트린다. 그러나 이것은 주나라 멸망의 시초가 되는 발단이 되게 되는데, 이때 주유왕이 내친 첫 번째 왕비의 아버지 신후(申候)는 복수의 칼을 갈며 주변 적대국과 연합을 하여 기원전 771년 주유왕을 공격하게 된다. 보통 상황이면 봉화를 올려 주변 제후들의 도움으로 적병을 물리쳤을 것이다. 그러나 물론 이때 봉화는 주변 제후국에게 주유왕의 또 다른 장난으로 밖에 보이지 않았으며, 이런 어처구니없는 여인의 웃음 하나 때문에 고대 주나라는 멸망하게 되는 것이다. 중국 중앙 주류 역사서에는 상(商)나라의 마지막 왕인 주왕의 애첩 달기(妲己)와 함께 나라를 멸망시킨 요녀로 묘사되고 있지만, 한중 지역에서는 중국의 4대미녀와 견줄 수 있는 자기지역 출신 미녀로 관광지마다 아름다운 성녀로 묘사되고 있다.

<한중 석문잔도(石門棧道)에 위치한 포사의 동상>

한중과 제갈공명

이왕 역사 얘기가 나왔으니, 한중의 역사적 의미를 찾는 데 있어 삼국지를 빼놓을 수는 없을 것이다. 한중에 현재 남아있는 가장 중요한 유적으로는 제갈공명의 실제 무덤인 무후묘(武候墓)가 있다. 묘지는 한중 남쪽 정군산(定軍山) 밑자락에 있는데, 오랜 세월 국가와 민간의 보호와 관리를 받으며 1700년의 역사가 지난 지금에도 거의 완벽에 가깝게 보존되고 있다. 지역 사람들의 이야기로는 워낙 성인(聖人)으로 존경을 받는 인물로 민간인들이 수많은 전란과 풍파 속에서도 지키고 가꿔 온 결실이라고 한다. 원래 제갈공명이 사망한 곳은 산시성 서쪽 기산현 오장원(五丈原)이라는 곳이다. 촉나라의 마지막 역량을 총집결해 위나라를 치기 위해 진령산맥을 넘은 제갈공명은 오장원에서 위나라 군사와 전투를 벌이다 운명을 달리하게 되었고, 현재에도 오장원에는 제갈공명의 무덤이 있다. 이 무덤은 제갈공명의 소지품과 의류 등을 묻은 곳으로 실제 무덤은 한중 정군산에 있는 것이 진짜라고 한다. 쓰촨성 성도에도 무후사가 있는데 그곳에 있는 것은 유비의 무덤이고, 제갈공명을 기리는 사당이 옆에 이어져 있다. 그러나 한국 관광객들이 대부분 성도에만 가서 제갈공명의 사당만 보고 오는 것은 조금 아쉬운 부분이라고 할 수 있겠다. 제갈공명은 한중을 위나라를 치기 위한 매우 중요한 요충지로 봤다고 한다. 촉나라의 수도 쓰촨성에서 북쪽으로 힘겹게 진군한 뒤 위나라 전방 산속 200㎞ 부근에 형성된 분지 형태의 평야는 중요한 지리적 특성을 가진 것이다. 그래서 한

중에 군사적 거점을 유지하는 데 많은 공을 들였고, 이 지역 현지 주민들은 아직도 제갈공명을 성인처럼 숭배하고 있는 모습이 많이 느껴진다.

<한중에 위치한 제갈공명 묘와 그를 기념하는 1,700년 된 나무들>

유방의 한나라 초기 도읍지, 한중

지역적 위치도 과거 장안과 가깝고, 현재의 행정구역상으로도 쓰촨성이 아닌 산시성에 포함되어 있지만, 이 지역민들이 촉나라 제갈공명을 더 높이 추앙하고 쓰촨성 문화에 조금 더 가까운 이유는 바로 한나라 고조 유방의 영향이 크다. 한나라 혈통을 이어가는 촉나라가 아무래도 한중 사람들에게 더 정통성으로 인정되었을 것이기 때문이다. 그렇다면 한중사람들은 왜 한나라에 더욱더 열광적일까? 바로 유방의 한왕(漢王) 초기시절 세력을 키운 곳이 바로 한중이기 때문이다. 도시명이 '한중'인 것도 그런 이유와 멀지 않다.

진시황제의 진나라 격파를 명받은 항우와 유방 두 장수는 각기 다른 전략으로 장안성을 공략해 들어간다. 항우는 무차별적 공격과 파괴로 성을 깨부수며 가는 반면, 유방은 각 성을 회유전략으로 무혈입성하는 형태의 공격을 이어갔다. 당연히 유방이 훨씬 빨리 장안성이 도착했다. 본래 장안성에 먼저 입성한 자가 장안성의 왕이 되는 조건이었는데, 나중에 도착한 항우는 이를 인정하지 않고 힘으로 유방을 밀어내어 작은 지역으로 보내버리게 되고, 이때 유방이 밀려간 곳이 바로 한중이다. 한중에 도착한 유방은 장안에서 한중으로 오는 산길 잔도(棧道)를 모두 불살라 버리고 항우의 의심을 피하며, 힘을 기르게 된다. 결국 유방은 한신(韓信)이라는 명장의 도움으로 항우을 물리치고 한나라를 설립하게 되는데, 비록 이후 수도를 장안으로 삼았지만 한중 사람들은 한나라의 원래 뿌리는 자신들이라고 생각하는 것이다. 한중 사람들의 한나라에 대한 충성심은 지금까지도 대단한데, 건물마다 천한(天漢)이라는 글자를 쉽게 발견할 수 있다. 이는 하늘이 내린 한나라의 도시라는 뜻으로 한중이라는 도시의 자부심이 깊게 느껴진다. 필자의 경우 업무상 각 지방도시의 공무원들을 많이 만나게 되는데, 한중만큼 지방 공무원들의 자부심이 높은 곳은 그리 많지 않았던 기억이다.

한중의 문화적 특색

한중의 또 하나의 특징은 중국 남부문화와 중국 북부문화가 적당히 섞인 듯한 형태라는 점이다. 실제 중국 행정구역상으로 한중은 산시성(과거 위나라)에 포함되어 있지만, 실제 음식문화나 성격은 쓰촨성(과거 촉나라)와 가깝다. 실제 중국 공무원들을 만나도 자신들은 황토고원의 관중 사람이 아니고 쓰촨성 쪽 사람에 가깝다고 한다. 그런데 이런 한중지역을 산시성이라는 행정구역에 묶은 것은 중국중앙정부의 지역 간 융화정책의 일환으로 보인다. 역사적으로 봤을 때는 사람은 관중 사람에 문화는 사천문화라고 보는 게 맞을 듯하다. 왜냐하면 한중이라는 도시가 커진 것은 한나라 유방이 많은 관중 사람을 데리고 한중으로 왔기 때문이고, 이후 사천문화의 영향을 받은 것은 이후 촉나라의 제갈공명이 위나라 공략의 거점으로 한중에 오래 주둔했기 때문이라고 생각한다. 음식문화로 봤을 때 일반적으로 산시성 음식이 약간 소박하고 투박하다면, 한중 음식은 쓰촨성의 문화적 영향으로 조금 맵고, 감칠맛이 있다고 느껴져 한국인들 입맛에는 더 맞는다.

한중의 지리적 특색

한중은 진령산맥과 파산(巴山) 사이에 위치한 분지 형태의 평야도시로 2.72만㎢의 넓이와 386만 명의 인구를 가진 역사문화도시다.

깊은 산맥 속의 분지 형태의 도시이지만 장강의 지류인 한강(漢江)이 중심에 흐르고 토양이 비옥하여 쌀과 과일이 풍부하게 자라며, 삼림 속에 1,600여 종의 약재와 채소가 자라고 있어 물자가 풍부한 도시이다. 연간 평균 기후 14도를 나타내는 온화한 기후로 청정한 환경에서만 서식한다는 따오기, 금사원숭이, 판다 등은 이 지역을 대표하는 동물들이다. 한중은 또한 유채꽃으로 유명하다. 한중지역에 120만무(중국 면적 단위, 1무는 약 666㎡)를 심어 봄철이면 사방이 노란색으로 물들어 있는 유채꽃이 관광객을 부른다. 현지에서 유채꽃의 꽃은 관광용, 열매는 기름을 채취하는 용도로 사용되고 있다고 한다. 유채꽃 기름은 불포화지방산이 높고 비타민 함유량이 높아 콩기름 등에 비해 건강에 유익한 것으로 알려져 있다. 우리나라에도 제주도의 유채꽃이 유명한데 향후 한중합작으로 유채꽃 활용기술과 방안에 대한 협력관계 구축도 필요해 보인다. 실제로 한국에서는 유채꽃을 활용한 바이오디젤연구가 상당 부분 진행된 것으로 알고 있는데, 중국에서는 유채꽃을 활용한 바이오디젤 관련 내용은 매우 부족해 보여 이러한 부분도 기술적으로 협력해 나갈 수 있는 가능성은 충분해 보인다.

한중시에서는 실제 생태환경과 문화유산을 강점으로 한 도시발전계획을 가지고 다양한 투자유치를 실시하고 있다. 예를 들면, 제갈공명의 무덤 주변지역 개발투자건, 농식물 약재가공산업단지 설립투자 건 등이 그것이다. 그러나 이 책의 다른 부분에서 언급했듯이 중국에 한국 기업이 공장을 설립하여 투자하는 것은 매우 신중히 검토해야 하는 부분이다. 다만 우리가 관심을 가져야 할 부분은 앞서 언급한 유채꽃 활용기술에 대한 협력방안, 그리고 현지에서 생산되는 1,600여 종의 중약재 활용 방안 등이라고 생각된다. 물론 한중시에서는 차문화산업, 항공산업, 산림공원개발산업 등에 투자유치를 하고자 하는 부분이 강하지만 우리 기업 입장에서는 우리의 기술력을 가지고 이들의 자원을 이용할 수 있는 부분을 먼저 관심 가지는 것이 필요하다고 본다.

지난 30년간은 교통편의 부재로 지리적인 불편함이 있어 개발이 더디어진 경향이 있었으나, 2015년 말 한중 성고현에 비행장이 설립되었다. 2017년 말이면 쓰촨성과 시안으로 이어지는 고속열차가 한중을 통과하며 개통될 예정이다. 고속도로 개통과 고속철도 개통은 개념이 다르다. 고속철도가 개통되게 되면, 한중으로 돈과 자본은 더 몰리게 될 것이고, 시안을 방문했던 관광객은 제갈공명의 무덤과 한나라의 잔도(殘道) 등 역사 유적을 보기 위해 한중으로 더욱 많이 몰릴 것으로 예상된다. 우리가 한중이라는 도시와 풍부한 자원에 관심을 가져야 할 이유다.

시안 사람들의 문화적 특성

50개의 민족과 14억에 가까운 인구를 보유하고 있는 중국이라는 국가에 대해서 누구도 한 가지의 정의를 내리기는 어려울 것이다. 더구나 다양한 소수민족 언어와 문화가 뒤섞여 있는 마당에 중국문화에 대한 특색을 말하기란 더욱 쉽지 않은 일이다. 그러나 우리는 중국이라는 나라와 밀접하게 지리적으로 마주하고 있고, 역사문화적인 면에서도 많은 스토리를 함께 공유하고 있다. 그리고 그러한 거대국가가 지금 세계 경제에 강한 영향력을 확대하며 빠른 속도로 거대해지고 있는 현실이다. 단순히 우리가 알고 있는 황허문명에 한자어를 공통으로 사용하는 대륙문화라는 이해만을 가지고 앞으로 이 거대한 움직임에 대응한다면 심각한 위험에 빠질 수밖에 없을 것이고, 잘못된 이해를 바탕으로 섣불리 접근해도 좋은 결과를 기대하기는 어려울 것이다. 모두가 중국 수출의 대안으로 바라보고 있는 중국 내륙지역 시안도 마찬가지이다. 시안지역에 대한, 시안 사람에 대한 완벽한 지식은 아니더라도, 중국 내륙시장 중에 하나인 시안지역을 염두에 두고 있다면 기본적인 사람과 문화에 대한 이해는 필요하지 않을까? 베이징, 선양 등 중국지역에서 업무 좀 해봤다고 생각한 필자도 시안에서는 모든 게 이해되지 않고 어려웠던 상황이 무던히도 많았다. 이에 이왕 시안에 대해서 글을 쓰기로 한 바에야 부족하더라도 시안에서 부딪히고 주워들은 정보들을 모아 관심이 시작되시는 이들에게 알리는 것도 좋을 듯하여, 두서없는 글이지만 시안과 시안 사람에 대해 이야기해 보고자 한다.

2014년 중국 시안에 초기부임하여 가장 당황했던 것은 21세기인 지금에도 엄청난 관료주의와 보수적인 사람들의 태도였다. 물론 친해지면 정말 가족과 같이 편하게 대해주며 정이 많은 사람들이지만, 초면에는 다소 무뚝뚝하고 굳이 먼저 말을 걸기 전에는 대화하기도 쉽지 않은 경우가 많았는데, 이것도 나중에 알고 보니 모두 지리적 역사적 배경이 있는 문화였다. 초기에 알고 다가가지 않고 오해를 하면 현지지역 인사와 교류에도 진입 장벽으로 느껴질 수도 있으니 먼저 이해하려는 노력이 필요할 듯하다.

먼저 중국의 역사문화적 특색을 기본적으로는 알 필요가 있을 것 같다. 물론 앞서 언급한 바와 같이 중국을 지리적 문화적으로 정리하여 설명하기는 지면이나 필자의 지식으로는 불가능한 사항이지만, 우선 간단히 먼저 우리가 바탕으로 이해를 깔고 들어가야 할 부분이 있어 간략히 언급하고자 한다. 일단 중국의 통일중앙국가 개념을 이해하고 받아들여야 한다. 중국의 역사를 약간만 살펴보아도 중국은 통일과 분열을 반복하고, 수많은 반란과 신규국가 수립이 이어져 온 나라라는 것을 알 수 있다. 당연히 중국 통일국가가 아니면, 전쟁과 민란이 발생하는 시스템인 것이다. 이에 중국은 진시황제 통일왕조 이래 끊임없이 통일을 추구해왔고, 그 역사적 통치철학은 지금도 유효하다. 중국은 한 개의 국가라는 대의 통치명분은 현재 중국 외교원칙에서도 가장 핵심이며, 이는 어떠한 이유나 명분으로도 달라질 수 없다. 우리는 이러한 면에서 중국의 기본적인 중앙통일국가 운영원칙을 이해해야 한다.

중국의 진시황제가 최초로 중국을 통일하고 나서, 단일국가를 통일적으로 중앙에서 관리하기 위해 5가지 시스템을 구축했다[4]. 이 5가지 시스템은 진나라 이후에도 여러 왕조를 거쳐 청나라, 현재는 중화인민공화국 통치시스템에도 그대로 녹아 있으니, 우리가 반드시 이해해야 할 중앙문화적 특징이다. 첫 번째, 신분제도를 기반으로 한 예악(禮樂)의 규제이다. 이는 우리나라에도 많은 영향을 끼친 유교문화의 흔적이라고 볼 수도 있지만 여기서 중요한 건 신분제도를 활용한 통치시스템 구축이다. 현재는 중국 공산당 당원제도를 통해 시스템이 유지되고 있으며, 전국 9천만 명의 공산당원들을 기반으로 중국의 통치시스템이 운영되고 있다. 두 번째, 호적(戶籍)의 관리다. 호적의 경우 우리나라도 주민등록제도를 통해 관리되고 있지만, 중국의 경우 조금 더 엄격하다고 볼 수 있다. 최근에는 중국 중앙정책의 변화로 조금 완화되고 있지만, 호적에 따라 주거이전 및 교육 등에 있어 현재도 제약은 분명히 존재하며, 이는

---

4) 윤홍섭, '중국과 시안 문화의 이해', 강의자료, 2016.

현재까지도 중앙정부가 통일중국을 다스리는 기본원칙 중 하나다. 세 번째, 주요 자산의 국유화이다. 과거에는 소금과 철을 국가가 관리했지만, 현재 중국은 국가 기간산업에 대한 대부분의 자산이 국유화되어 있다. 중국 정부의 최근 경제구조조정노력에 있어 국유자산의 민영화가 추진되고 있다는 소식이 들리고 있지만, 중국 중앙통치시스템의 원칙을 이해한다면, 아마 일부분의 민영자본 참여가 가능할지 모르나 국가의 통치관리에서 국유기업이 모두 벗어나는 것은 어려운 일일 것이다. 넷째는 병권(兵權)의 관리이고, 마지막으로 사상(思想)의 관리이다. 중국은 이 거대한 통일국가를 유지하기 위해 이러한 다섯 가지 통치시스템을 유지해 왔고, 현재에도 크게 달라지지 않았다고 볼 수 있다. 중국에 대한 다른 이해를 가지고 있는 분야에서 설령 다른 해석과 변화를 기대할 수도 있겠지만, 큰 틀에서 본다면 크게 다르지 않을 것이고, 우리는 이러한 중앙통치문화에 대한 기본적인 이해를 바탕으로 중국에 다가가야 하지 않을까 한다.

이제부터는 시안에 대해서도 이해를 할 필요가 있겠다. 우선 시안은 지리적으로 천혜의 위치를 차지하고 있다. 역사적으로 13개 왕조가 1,100년 동안 도읍을 정한 도시는 중국 전체로 시안이 유일할 것이다. 그만큼 지리적으로 지키기가 쉬운 도시였고, 반대로 사통팔달의 수로, 육로 등을 통해 다른 지역에 침략하기는 쉬운 지리적 이점을 가지고 있었다. 또한 관중 평야의 대지에는 곡식과 물자가 풍부하게 생산되었으며, 겨울에도 영하로 잘 떨어지지 않는 온난한 기후도 도시로서의 장점을 부각시키기에 충분했다. 이러한 이유로 시안은 오랜 시간 중국 왕조의 수도역할을 했고, 지금도 중국은 스스로가 당나라 사람이라고 생각하는 사람이 많다. 중국 문명의 찬란했던 시절 당나라 때의 수도 사람이었다는 이곳 시안 사람의 자부심은 아직도 대단하다. 그러한 이유로 현재 시안에 있는 사람들은 중앙통치권력에 매우 충성적이다. 비록 지금은 베이징에 정치적 수도자리를 내주었지만, 이곳 시안 사람들은 자신들도 중앙통치 시스템의 일부라고 생각하고 있으며, 중앙정부의 정책에 매우 적극적이다. 중국 공산당 초기시절에 시안 북쪽 옌안지역이 공산당 총사령부 역할을 한 것도 시안 사람들의 자부심 중에 하나라고 볼 수 있다. 이러한 친중앙정부적 성향은 또 다른 한면에서 관료주의적인 문화를 남겼다. 초기에 이해하기 어려웠던 관료주의적 정부부문의 행정시스템이 이러한 문화적 배경을 가지고 있으며, 이는 또 대중문화를 약간 경시하는 풍조와도 이어져 있다. 따라서 우리가 시안지역 행정부문을 대할 때는 충분히 명분을 세워주고, 형식과 체계를 존중해서 대응해야 할 것이다. 또한, 일반적인 시안 사람들은 약간 보수적인 성향을 가지고 있다. 물론 친중앙정부적이며 고대왕조의 수도 사람으로서 자부심 때문일 수도 있지만, 이는 주변 지역적 특수성이 어느 정도 반영된 것으로 보인다. 앞서 언급했듯이 주변에 해산물 빼고는 모든 물자가 풍부한 지역이었다. 심지어 암염지역을 통해 소금까지도 확보할 수 있었던 지리적 특성은 자급자족이 가능한 배타적 문화를 만들었던 것으로 보인다. 외부에서 들어오는 신(新)문물에 크게 관심을 가지지 않고 현재 자급자족되는 문화에 크게 만족하는 성향을 보이는 것도 시안 사람들의 특징이다. 한국의 최신 제품을 들이밀어도, 현재 사용하는 중국 제품보다 엄청난 차이점과 경쟁력이 있지 않으면 기존 사용제품도 쉽게 바꾸지 않는다. 이러한 문화적 특성은 젊은층에서도 예외가 아닌데, 한류문화가 중국 내에서 가장 약하게 작용하는 곳도 아마 시안이 아닐까 한다. 또 시안 사람들은 외지에 나가 교육과 직업을 가지고 살다가도 결혼 때가 되면 시안으로 돌아온다. 시안이 가장 살기 좋다는 이유라고 하지만 우리에게는 쉽게 이해되지 않는 모습이다. 어찌 되었든 시안 사람에게는 시안이라는 도시가 지구상에서 최고로 살기 좋고 떠나고 싶지 않은 도시임에는 확실하다.

06

아버지의 고향 산시성과 시진핑

시안이 위치한 산시성은 시진핑의 아버지며, 중국 공산당의 존경을 받는 시중쉰의 고향이 있는 지역이다. 시중쉰은 시안 동북쪽에 위치한 부평(富平) 출신으로, 나중에 산시성 연안지역에 소련코민테른의 혁명 근거지를 설립한 장본인이며, 시진핑 역시 1972년부터 1973년까지 산시성에서 하방(下放)생활을 하기도 했다. 이러한 인연으로 시진핑 주석의 산시성 지역에 대한 애정은 남다르며, 2015년 인도 모리 총리가 중국을 방문했을 때, 시안 방문을 방문토록 하고 산시성 특색 면 요리를 대접한 것으로도 유명하다. 이러한 산시성 지역이 실크로드 전략에 더욱 적극적으로 대응하고 시진핑 주석의 역점사업에 관심을 가지는 것은 어찌 보면 당연한 상황이라고 볼 수 있겠다.

<시중쉰과 젊은 시절 시진핑>

산시성 지역과의 인연을 굳이 언급하지 않더라도, 마오쩌뚱의 공산혁명과 덩샤오핑의 개혁개방정책에 이어, 중국 내 학계에서 중국의 3차 개혁으로 까지 일컬어지고 있는 신창타이, 실크로드 전략을 추진하고 있는 현 중국 정권의 핵심 시진핑 중국 공산당 총서기에 대해 우리는 알아야 할 필요가 있다. 이 인물의 배경과 핵심 철학을 이해하지 못하면, 중국의 미래 방향과 변화를 이해하기 어렵고, 중국을 이해하지 못하면 지리적 위치상 직간접적 영향에서 벗어날 수 없는 우리의 미래도 방향성을 갖추기 어렵기 때문이다.

우선 중국 공산당을 이해할 필요가 있다. 우리에게는 한때 역사적으로 금기시되었던 공산당이라는 실체는 역사를 조금 더 거슬러 올라가 보면 우리와도 연관이 되어있다는 것을 알 수 있다. 일본강점기 우리의 많은 독립운동가들은 중국으로 들어가, 중국 공산당과 함께 일본과 많은 전투를 벌이면서, 중국 공산당을 지원한 역사적 사실이 있고, 이러한 역사적 관계에 근거하여, 작금의 중국 지도부들의 한국에 대한 우호적인 시선이 아직 남아있는 것이다.

중국의 인구가 14억이라고 추정되는 현재 2014년 기준 중국의 공산당원은 8,779만 3천 명에 달한다. 실질적으로 공산당이 국가를 일당체제로 운영하고 있다고 보아도 무방하다. 일부 서방국가나 우리나라 일부 언론에서는 중국이 일당독재체제라고 비난하며 문제를 제기하고 있지만, 이것은 중국에 대한 이해 부족에서 나오는 오해라고 할 수 있다. 중화인민공화국이라는 국가는 물론 인민의 힘으로 설립된 국가이지만, 설립한 주체는 어디까지나 중국 공산당이다. 1921년 상하이에서 57명의 당원으로 결성된 공산당이 1927년 홍군을 세워 일본군과 국민당을 무찌르고 1949년 10월 1일 설립한 것이 중화인민공화국, 곧 국가인 것이다. 이러한 이유로 중국에서는 국가의 개념보다 당의 개념이 더 높고, 모든 국가기관 및 단체에는 기관장 위에 반드시 당서기가 존재한다. 당이 국가를 운영하는 상위개념이기 때문에 당이 없는 중국은 존재할 수가 없는 것이 현 시스템인 것이다.

시진핑을 이해하기 위해서는 시진핑이 많은 영향을 받은 아버지 시중쉰의 생애부터 살펴봐야 한다. 1913년 산시성 부평에서 출생한 시중쉰은 소비에트 공산혁명에 뜻을 품은 뒤 지금의 산시성 연안지역에 소련 코민테른 거점을 세우는데 이때 나이가 18세였다. 12,500㎞의 장정을 끝내고 산시성 연안 오기진에 도착한 마오쩌둥이 시중쉰을 만나 놀랐다는 일화로도 유명하다. 어찌 됐든, 마오쩌둥을 도와 중국 국민당과의 일전에서 승리를 거둔 시중쉰은 서북지역을 책임지고 있었는데, 마오쩌둥은 시중쉰을 베이징으로 불러들이고 이 시절인 1953년에 시진핑이 태어난다. 시진핑의 이름도 베이징(北京) 근처에서 태어났다고 해서 진핑(近平)이라고 지었다고 하는데, 예전 베이징의 명칭은 베이핑(北平)이었다. 1959년 시중쉰은 국무원 부총리에 임명되게 되는데, 3년 뒤 공산당 내에서 반당 집단으로 매도되면서 1962년부터 1978년까지 유배생활을 하게 된다. 실제로 1969년부터는 최하층 농민생활로 추락하게 되는데, 이 시기가 바로 시진핑의 산시성 하방시절(1972~1973년)이다. 시진핑은 이때 공산당에 11번째 신청에서야 겨우 입당하게 되고, 문화대혁명시절에 기회를 잡아 청화대학교 화공과에 입학하게 되면서 베이징으로 돌아올 수 있게 되었다고 한다. 청화대학교를 졸업한 시진핑은 국무원 판공청 비서실에서 3년간 근무하게 되는데, 행정사무직 업무에 한계를 느끼고 새로운 결단을 내리게 된다. 중앙에서 편안히 행정사무직으로 경험을 쌓아봐야 자신이 성장에 도움이 되지 않을 것이라고 판단한 시진핑은 인민 속으로 들어가서 인민의 토양에 뿌리를 박아야 외풍에 흔들리지 않게 될 것이라는 믿음으로 허베이성(河北省) 정딩현(正定縣)위원회 부서기로 근무를 떠나게 된다. 스스로 결정했지만 남들이 보기에는 좌천이었다. 지방민심을 살피고 지역경제발전에 노력하던 시진핑은 다음 푸젠성(福建省)으로 근무지를 옮기고, 17년간 근무하면서 2000년 푸젠성 성장까지 역임하게 된다. 당시는 중국의 개혁개방 투자유치가 가장 성행하던 시기였고, 당시 시진핑은 한국에 투자유치를 온 경험도 있다고 한다. 이때 푸젠성의 투자유치와 발전에 기여한 시진핑은 민심을 얻게 되고, 당내에서도 좋은 평가가 조용히 확산되고 있었다고 보인다. 푸젠성 성장(省長) 근무시절 시진핑에게는 가장 슬프고도 가장 운명적인 변화가 찾아오는데, 그것은 바로 아버지 시중쉰의 사망이었다.

평소 공산당 내 명망이 높았던 시중쉰의 사망은 국장(國葬)으로 치러지게 되고, 이때 문상을 온 장쩌민(江澤民)과 후진타오(胡錦濤)의 눈에 시진핑이 들어오게 된 것이다. 그전까지만 해도 시진핑은 중앙정부에서 인지도가 없던 무명인에 불과했는데, 이 기회로 시진핑이 장쩌민의 눈에 들면서 2002년 저장성(浙江省) 부서기로 부임하게 된다.[5] 저장성으로 부임한 시진핑은 짧은 시간 내에 각 지역 현을 모두 순회하며, 지방체계를 바로 세우는 등 업무능력을 과시하였는데, 이로부터 5년 뒤 2007년 시진핑은 중앙으로 진출하게 되는 천재일우의 기회를 맞이하였다. 2006년 중국 중앙정치 상황을 살펴보면, 공청단(共青團)[6] 출신의 후진타오가 총서기를 맡고 있었지만, 상하이파(上海派)로 대표되는 장쩌민이 군사권을 유지하면서 상왕(上王)처럼 정치에 간섭하고 있는 상황이었다. 공청단 조직의 후진타오가 총서기를 맡고 있었으므로, 관례적으로 차기 정권은 상하이파에서 총서기직을 노리고 있었고, 장쩌민은 후임 자리에 역시 상하이파 핵심권력인 천량위(陳良宇)를 내정하고 있었다. 당시 천량위는 상하이 서기를 맡고 있었고, 이 자리는 차기 당총서기가 될 수 있는 자리였던 것이다. 그러나 운명의 여신은 시진핑 쪽에 힘을 실어주었다. 당시 후진타오는 개혁개방속도가 너무 빨라 경제 불균형 등 문제가 있는 점을 우려하고 있었는데, 경제 성장의 과실을 즐기고 있던 상하이파에서 이에 반대의견을 내면서 경제 개방을 가속화해야 한다는 주장이 일어났고, 천량위는 그중에 앞장서 있

---

5) 중국 검색 포털사이트 바이두(baidu)에서 시진핑(習近平) 검색자료 참고.
6) 공청단, 1922년 설립된 중국 공산주의 청년단의 약자로, 중국 청년들의 공산주의 학습을 위한 전국 조직.

던 것으로 추정되는데, 결국 너무 과격한 주장으로 중앙정부의 눈 밖에 나면서 중앙기율위원회에서 조사에 착수하게 되었고, 부정부패혐의로 2007년 7월 24일 뇌물수수 및 직권남용죄를 적용받아 18년 형을 선고받게 되었다. 상황이 이렇게 되다 보니 차기 총서기로 추대하려고 했던 상하이서기의 자리가 공석이 되었고, 장쩌민은 고민에 빠지게 되었다. 이때 등장한 시진핑의 구원자는 쩡칭홍(曾慶紅) 중화인민공화국 부주석이었다. 장쩌민과 관계가 깊은 쩡칭홍은 과거 시진핑과 베이징에서 생활할 때 잘 알던 사이였다고 한다. 시진핑의 그릇을 알아본 쩡칭홍은 장쩌민과 후진타오를 설득해 시진핑을 상하이 서기 자리에 추천했고, 장쩌민이 동의하면서, 시진핑은 바야흐로 중앙정치 무대에 발을 디딜 수 있는 기회가 온 것이다. 이때부터 시진핑은 큰 정치 포부를 품으며 실력을 쌓아가기 시작했고, 공청단파와 상하이파의 중간에서 어느 한쪽으로부터도 공격을 받지 않으면서, 그동안 쌓은 인지도와 지지를 바탕으로 중앙정치국 상무위원, 중화인민공화국 부주석을 맡게 되고, 2013년에 비로소 중앙위원회 총서기, 중국중앙군사위원회 주석, 중화인민공화국 주석 자리를 모두 차지하면서 명실상부한 1인자가 된 것이다.

시진핑의 역사를 살펴보면서 우리는 몇 가지 유의미한 그의 사상적 배경과 정치철학을 알 수 있는데, 시진핑의 아버지로부터 그는 매우 많은 영향을 받았다. 시중쉰은 중화인민공화국 건국에 막대한 공헌을 했지만, 정치 바람에 의한 상대방 비판을 하지 않고 16년간 유배생활을 했을 정도로 청렴하고 사상적으로 강직했던 것으로 보인다. 이 영향으로 시진핑은 부패를 매우 혐오할 가능성이 높고, 실제 중국에서는 호랑이부터 파리까지 모든 부패사범은 엄격히 다스린다는 시진핑 주석의 메시지를 충실히 이행하고 있다. 또한, 중앙정부의 행정직을 버리고 과감히 지방정부 현 부서기로 자진해서 근무를 떠날 정도로 인민을 위한 정치를 하겠다는 의지 역시 시진핑 주석의 정치 성향을 보여주는 면이라고 할 수 있겠다. 이러한 점을 미루어볼 때 중국 정부가 경제 성장률 하락에 연연해서 과거의 개방정책이나 경제성장확대 정책을 다시 추진할 가능성은 그리 높지 않아 보인다. 시진핑의 구상은 부패를 처단하고, 비효율적인 경제구조를 조정하여 복지를 인민에게 나누겠다는 생각일 것이고, 이는 중국의 미래에 있어 매우 바람직한 방향이라고 생각된다. 중국이 뼈를 깎는 고통으로 부패된 살을 도려내고, 경제를 구조조정하여 내실을 단단히 하고 있는 상황에서, 우리 경제와 우리 기업의 현실을 다시 돌아봐야 할 때가 아닌가 싶다.

제3장

시안, 중국 내수시장 개척의
희망인가

시안의 미래전략방향 2020 계획

전 세계적인 한파로 겨울 기온이 비교적 따뜻한 시안에도 영하 10도를 넘나드는 한파가 몰아친 2016년 1월 24일, 시안에서는 산시성 제12차 인민대회 4차 회의가 개막되었다. 산시성 12차 5개년 계획이 마무리되는 이번 회의는 2010년부터 2015년까지의 중국 산시성 정부 경제발전 성과를 보고하고, 2016년부터 2020년까지의 제13차 5개년 계획(十三五)에 대한 미래 청사진이 제시되는 산시성 인민정부의 중요한 회의로서, 시안 경제의 과거, 현재, 미래를 한번에 볼 수 있는 좋은 기회였다. 시진핑 주석의 고향이기도 하고, 중앙정부에서 강조하고 있는 실크로드 일대일로의 중요한 거점지역으로도 볼 수 있는 시안 지역의 미래 발전 계획은 어찌 보면 중국 정부의 미래계획 축소판으로 생각될 수 있지 않을까.

우선 산시성 정부의 지난 12차 5개년 계획 기간 성과를 살펴보면

⁷⁾, 지난 5년간 GDP는 평균 11.1% 성장했으며 1인당 평균 생산가치는 8,000달러로 나타나, 성장률만 본다면 중국 정부의 평균 성장률을 약간 상회하는 정도였다. 정부재정 총수입은 3,300억 위안(연평균 12% 성장)이었고, 재정수입의 80%는 민생경제에 활용되었다고 한다. 도시 주민의 수입은 평균 11% 성장했고, 농촌 주민의 소득은 평균 16.2% 증가되어, 중국 내륙지역 내수소비 소득수준은 꾸준히 증가되고 있는 모습이 느껴지는 부분이다. 같은 기간 중 고속철도는 1,700㎞가 증설되었으며, 지하철 1, 2호선이 개통되었고, 대외직접투자유치액은 지난 11차 5개년 계획에 비해 3.6배나 증가하는 등 실로 눈부신 경제발전 성과를 나타낸 것으로 발표되었다. 여기서 눈여겨보는 부분은 바로 고속철도 증설 부분인데, 전체 서울-부산 간 철도길이를 500㎞가량으로 추정한다 해도, 3배가 넘는 길이의 일반철도가 아닌 고속철도를 증설하는 데 경제 역량을 쏟아부었다는 것은 어떤 의미일까? 이는 다름 아닌 시안을 실크로드 물류 중심기지로서 개발하기 위한 막대한 인프라 투자과정의 하나라고 보는 게 맞을 듯하다. 발표 자료에 공표되지는 않았지만, 시안은 지금 SOC 인프라와 빌딩 인프라 건설에 막대한 예산과 역량을 투입하고 있고, 이는 뒤에 다시 언급하겠지만 인프라 과잉설비 문제로도 연결될 소지가 있어 예의 주시해야 할 부분이다.

어찌 되었든, 산시성 시안의 이러한 눈부신 발전은 부인할 수 없는 현실이고 이제부터 시안 인민정부의 발걸음은 더욱 바빠질 것으로 보인다. 이제 발동이 걸린 서북지역 발전 추세의 불씨를 놓쳐

---

7) 我省GDP今年要增8%」,『華商報』, 2016.01.25, A02.

서도 안 되고, 실크로드 전략의 핵심지역으로 중앙정부의 눈도장을 받기 위해서 연해 1, 2선 도시와의 불꽃 튀는 경쟁을 피할 수도 없기 때문이다. 산시성의 2015년 GDP 성장률은 최종 8.0%, 시안의 GDP 성장률은 8.2%로 발표됐다.[8] 중국 전체 성장률 6.9%보다는 약간 높은 수치지만, 옆에 있는 충칭 등 GDP 성장률 선두권 도시에 비하면 아직 부족한 게 현실이다. 하지만 시안의 경제 규모나 체력으로 봤을 때 어찌 보면 당연한 결과라고 보겠다. 그러나 시안 인민정부는 더 서둘러야 한다. 그러한 모습은 13차 5개년 계획의 내용에 고스란히 담겨있는데, 바로 2020년까지 산시성과 시안의 발전 계획이 그것이다.

먼저 지역별 발전전략을 살펴보면, 산시성 북쪽지역은 중국 석탄 매장량이 3위를 차지할 정도로 에너지자원이 풍부한 곳으로서 이곳을 전국적인 에너지산업단지로 개발할 예정이다. 시안이 위치하고 있는 관중 평원지역은 지식하이테크기술산업단지로 정책 집중 개발 예정이며, 진령산맥에 위치한 산시성 남쪽 지역은 환경보호 관련 산업 발전모델로 개발하면서 신형도시화 생태문화시범구로 추진할 계획에 있다. 그리고 13차 5개년 계획에 나온 전망에 따르면 2020년까지 산시성 내 호적인구 도시화율을 45% 이상 달성할 예정이며, 지하철 200㎞, 고속도로 3,500㎞, 고속철도 1,500㎞를 증설할 계획이다. 매년 10일 이상 매연 없는 날을 증가시키고, 220만 명의 일자리를 늘리며, 331만 명을 빈곤 인구에서 탈출시키는 것도 포함되어 있다. 전체적인 평균 GDP 성장목표는 8%로 계획하

---

8) 치바이원, 「2015年西安GDP增长8.2%」, 『華商報』, 2016.01.26, A06.

고 있는데, 중국 전체 목표가 평균 6.5% 증가인 것을 감안할 때, 약간 높은 목표 수치라고 볼 수 있지만 중국 내에서 선진도시로 발돋움하기 위해서는 시안으로서 포기할 수 없는 성장률 목표치일 것이다.

눈부신 발전 이후에 장밋빛 산시성 미래 청사진은 시안 정부가 중앙에 보여주고 싶은 모습이기도 하고, 중국 현지의 서민에게 희망을 주기 위해서도 필요한 목표로 보여지기는 한다.

그럼, 과거 실적과 미래 청사진을 보았으니, 현재의 중국 시안은 어떠한지도 보아야 할 것 같다. 그러나 현재 시안이 당면한 문제점 또한 녹록지 않다. 2015년부터 시작된 중국 경제의 전반적인 하락 추세가 시안을 비켜갈 가능성도 크지 않을 뿐더러 앞서 언급된 과잉 인프라 설비의 문제점도 서서히 수면 위로 떠오르고 있는 게 현실이기 때문이다.

2015년을 기준으로 전국의 부동산은 베이징, 상하이, 선전 등 대도시를 중심으로 부동산 경기가 살아나면서 상승 추세로 돌아섰고, 부동산 미분양 재고물량도 급속히 줄어들고 있지만, 2, 3선 도시는 부동산 가격도 미미하지만 하락세를 이어가고 있으며, 미분양 부동산 재고물량 소화시간도 길어지면서 부동산 개발상들의 자금 압박으로 작용하고 있는 모습이다. 시안의 경우도 미분양 압박이 커지고 있는 도시 중 하나인데, 자료에 따르면 전국 부동산 미분양 상위 도시 중에 3위를 차지[9]하고 있고, 사무실, 상가건물 투자건설도 계속되고 있어 2016년에도 부동산 재고물량 압박은 계

---

9) 姚远, 「西安市场库存压力大 分区域有效去化」, 『華商報』, 2016.01.26, C03.

속 증대될 것으로 보인다. 실제로 시안 시내 외곽 신주택단지 및 고신구 상업개발지구를 돌아보면, 엄청난 물량의 부동산 아파트가 공실로 되어 있는 상태며, 상업지구 개발건물에는 온통 상가유치를 위한 전단지와 현수막이 도배되어 있다. 이에 따라 최근 시안에는 '관점조(關店潮)'라는 유행어가 나돌고 있는데, 그 의미는 상가 폐업의 물결이라는 뜻이다. 온라인 상거래 증가 추세 등 여러 가지 이유는 있겠지만, 시안에 급속히게 지어지고 있는 아파트, 사무실, 상가 등이 실제 지역경제력과 수요에 맞물린 상황은 아니라는 것의 반증이 아닐까 생각된다.

여기에 한 가지 더 살펴봐야 할 지표가 있는데, 산시성지역 중소기업의 경기지수이다. 2014년 118.2%를 보이던 공업기업경기지수는 2015년 말 103%까지 하락했고, 기업가 체감 경기지수는 같은 기간 112.9%에서 100% 아래인 98.9%까지 떨어졌다.[10] 100 이하의 지수는 향후 경기 전망에 대한 부정적인 시선을 반영한다는 면에서 2016년 산시성 제조기업 경기도 낙관적인 상황은 아닌 것으로 예측된다.

그러나 시안의 이러한 현실적 문제점에도 불구하고, 실크로드 전략의 중점지역으로 향후 성장추세는 명확할 것으로 보인다. 시안의 5년 후 2020년 발전 모습을 예의 주시해 볼 필요가 여기에 있다.

---

10) 刘百稳, 「去年四季度陕工业企业景气度同比下降超10%」, 『華商報』, 2016.01.26, B04.

02

시안의 대학과 한국 유학생

서북지역 최대 교육도시, 시안

중국 시안은 수천 년의 역사와 고대 역사 수도였던 명성에 걸맞게 대학교가 매우 많다. 시안시통계연감(2015)에 따르면, 대학교육기관이 85개에 이르고, 85만4천 명이 재학하고 있으며, 매년 21만3천 명이 취업시장으로 쏟아져 나오는 서북지역 최대의 교육도시인 것이다. 주요 대학들을 살펴보면 하나같이 중국 내에서도 인정받는 명문대학들로 중국 내에서도 유학생들이 많이 모여들고 있다. 1896년 남양공학으로 설립된 이후 1959년에 현재 이름으로 개명한 시안교통대학은 그중에서도 가장 유명한 대학으로 손꼽힌다. 상하이교통대학과 함께 국가 중점 대학으로 인지도가 높아 한국에서도 많은 유학생들이 찾아오고 있으며, 매년 2,000여 개 기업이 학교를 방문해 취업설명회 등을 개최하고 있다. 또한 중국에서

유일하게 항공, 우주, 해양과정을 중점연구하는 대학으로 이공계분야의 강점을 나타내고 있는 서북공업대학도 유명한데, 시안교통대학과 마찬가지로 중국의 교육정책인 211공정, 985공정에 포함된 국가 중점대학으로 중국중앙정부 공업화신식부에 소속되어 있는 대학이다. 1902년에 설립된 서북대학 역시 시안에서 역사와 전통으로 유명한 대학이며, 주 시안 한국 총영사관과 적극 협력관계를 가지며, 한국 유학생도 많이 유치하고 있는 대학이다. 그리고 시안외국어대학도 시안에서는 빼놓을 수 없는 대표 대학인데, 1952년에 중국에서 최초로 설립된 4개의 외국어대학교 중 한곳으로서, 서부지역에서는 가장 다양한 언어를 학습하고 있는 외국어 전문대학으로 수준도 높은 편이다.

<시안교통대학 입구 전경>

그 외에도 60년 역사를 가지고 있는 국가중점 장안대학, 1949년 중국 중앙정부와 산시성 정부가 공동으로 설립한 시안이공대학, 75년 역사를 가진 법률전문 서북정법대학, 우편과 물류전문 교육을 담당하고 있는 65년 역사의 시안우전대학, 1895년 설립된 시안 건축과기대학 등이 시안을 대표하는 유명 대학들이다.

이러한 유명 대학이 집중되어 있다 보니, 중국 내에서는 베이징, 상하이 다음으로 3대 교육도시로 일컬어지고 있으며, 우리에게는 낯선 도시이지만 한국 유학생도 600여 명이 넘을 정도로 한국 유학생들이 많이 찾는 지역이다. 한국 유학생들은 주로 시안교통대학, 서북정법대학, 산시사범대학, 시안외국어대학 등에 집중되어 있는데, 유학생내 자체적으로 커뮤니티도 잘 구성되어 있고, 중국 현지에 대한 이해를 위해 열심히 학습하는 모습이었다. 과거 필자가 2008년 중국 베이징에서 근무했던 시절, 베이징지역 한국 기업들 사이에서는 암묵적인 공감대가 형성되어 있었는데, 바로 중국 내 한국 유학생들을 고용하지 않는다는 것이었다. 이유는 한국에서 실력이 안 되서 중국에 돈으로 유학을 온 학생들이 대다수라고 인식되었고, 그나마도 중국에서 열심히 공부하기보다 한국 유학생들끼리 어울려 다니며, 저렴한 물가의 유흥문화를 즐기고 다니는 모습 등이 자주 눈에 띄었기 때문이다. 실제로 그 당시 베이징에 대학거리인 '우다커우' 지역에는 한국 유학생 남녀가 자유롭게 동거하는 사례가 많다는 풍문이 있었고, 중국 대학에서도 학위장사에만 집중하여 유학생들의 학사관리가 제대로 관리가 되지 않았던 것으로 보인다. 그러나 지금은 분위기가 확실히 달라졌다는 것이 느

껴진다. 지금은 비록 시안에서 바라보고 있는 유학생들의 모습뿐
이지만, 일단 한국 내에서 중국에 대한 미래 기대치가 반영되어서
인지 우수한 한국 학생들이 유학을 오고 있었으며, 예년과는 확연
히 다른 물가상승으로 인해 학생들이 원하는 만큼 소비를 할 수
있는 구조가 아니다. 중국 대학들의 까다로워진 학사관리도 한몫
하는 듯했다. 필자가 접해본 유학생들은 모두 나름대로 깊은 생각
과 고민을 가지고 중국에 유학을 왔으며, 성적도 우수한 학생이 많
아 미래 한중간 교량이 되어줄 인재들이 되어줄 것으로 기대도 되
고 든든한 마음도 생겼다.

한국 유학생을 마케팅 첨병으로

　2015년 말 중소기업청과 중소기업진흥공단에서는 중국 현지 유
학생들을 활용한 한국 중소기업 제품 홍보마케팅 프로모션 사업
을 진행한 적이 있었고, 필자는 시안지역 학생관리 및 1차 서류평
가를 맡았다. 이와 관련하여 중국 베이징, 선양, 칭다오, 시안지역
에서 18개 팀 70여 명이 참여하여 4개월 동안 중소기업청에서 지
정한 중소기업 우수제품에 대해 온라인과 오프라인상 제품 마케
팅을 하는 것으로 진행하였다. 당초 취지는 한국 중소기업 제품의
우수성을 알리는 데 중국 내 한국 유학생들의 현지 청년층 네트워
크를 활용하자는 단순한 출발이었지만, 사업을 마무리할 때쯤 상
황은 기대밖에 성과가 나타났다. 물론 유학생들이 한국 중소기업

제품을 홍보하여 대박이 난 것도 아니고, 마케팅에서 괄목할 만한 실적을 낸 것도 아니었다. 그러나 활동을 진행하던 중국 내 한국 유학생들이 변하기 시작했다. 중국어를 배워야 하고, 중국에서 공부를 해야 중국 관련 일을 할 수 있을 거라는 막연한 생각만 가지고 학교에서 유학생활을 하던 유학생들 일부가 중국에서 무엇을 해야겠다는 구체적인 꿈을 꾸기 시작한 것이다. 중국 내에서 한국 제품을 팔아보면서 중국에서 자기가 무엇을 해야 하고 어떻게 해야 할지 조금씩 감을 잡는 모습이 느껴졌다. 그리고 그보다 더 중요한 성과는 학생들이 비즈니스에 눈을 뜨기 시작한 것이다. 기본적으로 물건이 어떻게 생산되어 인증을 받고 통관되어 소매상에게 도착하고, 소비자에게는 온라인, 오프라인을 통해 어떻게 판매가 되는지 전혀 생소했던 학생들이 수많은 시행착오와 실패를 반복하면서 그 방식을 배우고 성장하고 있었다. 경제활동의 경험이 전혀 없던 학생들에게 한국 제품을 쥐어주고, 마케팅을 해보라고 했을 뿐인데 시너지 효과는 생각보다 놀라웠다. 한국 중소기업 입장에서는 별도의 마케팅 비용을 많이 들이지 않고, 현장감 있는 시장조사와 마케팅 효과를 얻을 수 있었고, 유학생들은 이 기회를 이용하여 비즈니스의 흐름을 경험할 수 있어서 양측 모두에게 도움이 되는 기회였다고 생각된다.

한 가지 사례를 들면, 한국의 콘프레이크 제품을 들고 중국 시장조사에 임했던 유학생은 적극적인 마케팅 노력으로 중국인 한 명, 한 명에게 제품을 설명했고, 중국인들로부터 콘프레이크가 중국 사람들에게 맞지 않는다는 사실을 알아냈다. 시안지역 중국인들은 아침을 반드시 기름기 있는 식사로 하기 때문에 간편한 콘프레이크 식단은 받아들여지기 어렵다는 것이다. 그러나 유학생 마케터는 계속 맞춤 시장조사를 거듭한 끝에 최근 중국에 불고 있는 건강에 포커스를 맞추어 헬스클럽을 공략하기 시작했고, 긍정적인 반응을 끌어내는 데 성공했다. 유학생은 마케팅을 해보면서 중국인들의 특성과 시장을 이해하게 되었고, 한국 중소기업은 해당 제품의 틈새시장을 찾아내게 되어 일석이조의 성과를 낸 것이다.

재중 유학생 일만양병설

이러한 면에서 볼 때, 우리는 중국 내수시장 개척을 위해 한국 유학생들을 적극 활용할 필요가 있다고 본다. 율곡이이의 십만양병설을 본받아 재중 유학생 일만양병설을 주장하고 싶다. 마케팅이 어려운 한국의 중소기업과 중국 시장 개척 경험이 필요한 재중 유학생들을 연계해주면, 상호 시너지로 인해 대중국 수출도 증가하게 되고, 중국 진출 관련 인력양성을 통해 한국의 중국 내 수출 첨병을 확보하는 성과도 얻게 될 것이라고 생각한다. 물론 문제도 있고 한계점도 있다. 중국 내에서 유학생 신분으로는 영업 활동을 할 수 없게 되어 있고, 판매 활동을 하는 게 적발되면 유학생 비자가 취소될 수도 있어 위험도가 있다. 또한 유학생들이 마케팅 활동을 하기 위해서는 활동경비가 소요되는데, 한국 중소기업이 무엇을 믿고 비용을 지원할 것인가 하는 상호 신뢰도의 문제도 있고,

실제로 모든 유학생들이 바로 마케팅에 효과를 낼만큼의 열정과 실력을 보유한 것도 아니다. 여기에서 바로 정부의 역할이 필요한 것이다. 정부에서 유학생과 중소기업을 이어주는 역할을 해야 하고, 유학생들의 마케팅 능력 제고를 위해 교육도 시켜주어야 한다. 현지 학생비자 영업행위 위험 문제는 시스템적으로 충분히 안정조치를 취할 수 있다. 현지 유학생들이 직접 타오바오 판매상이 되거나 오프라인 매장 판매행위를 하지 않는다면 단순한 홍보활동으로 제제를 받을 위험도 없고, 현장 판촉행사를 하는 경우에도 일당 업무보조원으로 채용계약을 체결해 놓으면 위험을 피할 수 있다고 생각한다. 이러한 중간 연계 및 리스크 방지, 신뢰도 보장 부분을 정부에서 맡아준다면, 유학생과 중소기업 간의 시너지 연계 효과는 답답한 중국 수출 활로 개척에 도움이 되지 않을까?

시안의 틈새시장을 노리는 한국 기업들

불과 10여 년 전만 해도 중국의 내륙 깊숙한 촌동네로 불리던 시안에는 한국인이 500여 명에 불과했다. 교민의 대부분은 종교인, 소상공인, 유학생이었고, 유일하게 한국의 KMW 시안법인인 화천통신유한공사가 한국 기업으로 진출해 있는 상황이었다. 그런 시안에 한국 바람이 불기 시작한 것은 2013년 박근혜 대통령의 시안 방문과 삼성반도체공장 시안 투자 결정이 거의 비슷하게 추진되면서부터다. 이후 시안에는 많은 한국인과 한국 기업의 진출이 이루어졌고, 한때 시안 교민은 6,000여 명으로 추산될 정도로 증가했었다.

시안 진출 한국 기업의 정확한 수치를 알 수는 없다. 시안에 법인을 설립하고 공상국에 등기한 기업도 있지만 삼성반도체공장의 협력 및 A/S를 위해 일시적으로 진출한 비등기 기업들도 많고, 기업 운영도 부정기적이어서 누구도 구체적인 데이터를 가지고 있지 않지만, 현지 기관들 사이에서는 200여 개 기업으로 추산한다. 하지만 삼성반도체를 위주로 한 1차 협력업체는 20여 개에 미치지 못하고, 화천통신유한공사와 같이 공장을 운영하며, 상주적으로 제조업을 운영하는 기업도 10여 개에 미치지 않는 것으로 추산되고 있어, 나머지는 대부분 요식업 및 서비스업이거나, 진출 초기 사업성 검토를 위한 사무실 운영기업 등으로 구성되어 있다. 2014년 시안 진출 초기 야심차게 공장설립 및 시장 진출을 위해 검토를 추진했던 기업들은 시안지역 공업 인프라 및 시장 상황에 의구심을 가지며, 진출을 보류했고, 요식업 등 서비스업을 시작했던 많은 소상공인들은 많은 수업료를 내고, 사업을 정리하는 모양새다. 실제로 삼성반도체유한공사와 그 1차 벤더회사들 외에는 어려움을 극복하기 어려운 게 지금 한국 기업들 상황이다. 그러나 이러한 시장 상황에서도 시안지역에 새로운 아이템으로 틈새시장을 개척하고 중국 시안에서 자리를 잡아가고 있는 기업들이 있어 소개하고자 한다.

우선 앞서 언급한 화천통신유한공사는 2002년에 한국 기업으로는 최초로 시안에 진출한 통신장비 회사이다. 초기에 시안의 인프라 부족 등 열악한 환경에서도 중국에 떠오르는 통신장비산업의 비전을 보고 중국 내륙에 진출하여 현재 600여 명의 직원을 고용하는 시안 내 삼성반도체공장 다음으로 고용창출이 높은 기업이다. 이 회사와 초기 공동협력관계를 유지하던 화웨이(華爲, Huawei)는 이제 중국 휴대폰 시장 1위의 기업으로 성장했으나, 지금도 좋은 관계를 유지하면서 매출확대와 현지정착에 도움을 받고 있으며, 철저한 현지화 정책을 통해 현지 정부 및 직원들 관리에도 만전을 기하면서 어렵다는 중국 내륙시장 안착에 성공한 사례라고 하겠다.

영업비밀이라고 해서 밝히기 어려운 부분이지만 화천통신유한공사의 직원 복지혜택은 중국 기업은 물론 주변 한국 기업조차도 따라오기 쉽지 않은 수준으로 유지되고 있고, 매년 600여 명 직원 중 70명을 3개월간 한국에 연수를 시키는 등 직원복지에 강점을 가지고 있어, 중국의 잦은 이직 추세에도 현재 이직률 3% 대로 낮추어 운영하는 회사다. 최근 중국 친환경 에너지 정책 추이에 맞추어 고기능 LED 사업을 틈새 신규사업으로 추진하고 있는데, 중국 공장 및 가로수에 시범설치를 추진하면서 좋은 평가를 얻고 있어 향후 성장 속도가 기대되고 있다.

<화천통신유한공사 시안 법인공장 전경>

또 다른 틈새시장 개척 한국 기업 사례로 삼현농업과기유한공사를 들 수 있다. 이 기업은 당초 한국의 친환경 유기 농비료를 생산

하여 서부내륙시장에 판매하고자 시안에 진출했으나, 유기농 비료의 인증 및 심사에 과도한 시간과 비용이 소요되고 있는 비관세 장벽을 확인한 뒤 깊은 고민에 빠졌었다. 시안은 친환경 유기농 비료 생산에 필요한 원재료가 풍부한 지역이어서 시안을 포기할 수는 없었던 동사 대표는 시안의 동쪽 린퉁(臨潼)이라는 지역에 토지를 임대한 뒤 샘플로 들어온 친환경 유기농 비료를 이용하여 직접 한국 농산물을 생산하기 시작했다.

처음에는 유기농 비료의 성능을 보여주기 위한 식물재배였는데, 시험으로 재배한 한국 친환경 농작물에 소비력이 있는 중국인들이 관심을 보이기 시작했다. 중국 내 재배 농산물의 안전성 문제가 언론에서 심각히 다루어지고 있는 상황에서, 건강의 중요성을 생각하는 중상위 소비계층이 믿을 수 있는 농산물에 관심을 가지기 시작했고, 거기에 이 회사의 특별한 마케팅 기법도 한몫을 했다. 중국에서 재배되지만 한국인들이 주로 먹는 농산물을 재배하여 요리 체험 및 식사를 즐길 수 있는 관광코스로 연계한 것이다. 보통 중국인들도 한국의 음식이 기름기 없고 건강에 좋다는 인식은 어느 정도 있는 상황이었기 때문에, 친환경 유기농으로 재배된 한국 채소로 건강한 한국 음식을 접하는 것에 높은 관심을 보였다. 또한 한국 음식을 직접 만들어보고 맛볼 수 있는 기회는 시안에서 해보기 쉽지 않은 일이라, 중국의 소비력 있는 건강 마니아들이 점점 찾기 시작했고, 맛을 본 중국인들은 정기적으로 한국 채소를 배달받는 정규회원에 가입하게 되었다.

시안지역은 중국 서부내륙 속에 넓은 관중 평야로 이루어진 농업 중심 도시이다. 사과생산량이 전국 1위에 달하고 각종 곡식, 채소 과일 등이 없는 것이 없이 재배되는 농업도시인데, 여기서 한국 기업이 한국 농산물로 중국인의 입맛을 사로잡은 것이다. 2014년 초기 사업 시작 시 시안의 방송국(시안TV)에서 필자를 인터뷰하러 온다고 하여, 무슨 내용인가 보았더니, 바로 삼현농업과기유한공사에 대한 질문 인터뷰였다. 기억을 더듬어 보면, 시안은 중국 내에서도 농업 중점도시로 유명한 곳인데, 한국인이 중국 시안에서 농업을 하는 것이 경쟁력이 있다고 보느냐는 것이 요지였다. 물론 한국 기업인을 지원하는 입장에서 좋은 비전에 대한 인터뷰를 마쳤지만, 솔직히 그 당시 지금만큼 동사의 사업이 확장되고 틈새시장에 정확히 안착할 줄은 예상하지 못했다. 현재 삼현농업과기유한공사는 린통(臨潼)지역에 농장용지가 부족하여 시안 남쪽 친링산맥 부근 후시엔(戶懸)지역에 대규모 농지를 개발하고 있으며, 정저우 등 각 타 지역에서 협력 의사 타진 요청이 계속되고 있어 이 회사 대표님의 즐거운 비명을 자주 듣는다.

<중국인 대상 한국 김치 체험행사>　　<삼현농업 후시엔 2기 농장 전경>

　　요식업 분야에서도 중국인의 기호를 겨냥한 틈새 분야 개척으로 안정적인 성장을 하고 있는 업체가 있다. 물론 삼성반도체공장 입주 후 대량의 한국 식당이 무한경쟁에 돌입하면서 차별성을 잃고 한국인과 중국인 모두에게 외면받은 한국 식당이 훨씬 많지만, 어려운 시기에도 차별성으로 두각을 나타내는 이가 있듯이 몇 개 업체가 중국인의 입맛을 사로잡으며 시안에 안착하고 있다. 먼저 한국관이라는 곳은 시안 내 한인밀집지역인 뤼디(綠地)에 위치하고 있는데, 고급스러운 인테리어의 한국 전문음식점이다. 원래 한식당으로 운영되던 업체가 너무 비싼 가격으로 중국인들에게 외면받으면서 문을 닫고, 새로 인수받은 대표가 고급스러운 인테리어에 중국인 취향에 맞는 메뉴와 가격으로 변경하면서 중국인들이 뤼디에서 가장 많이 찾는 식당으로 변모했다. 한국관 식당의 특징은 일단 메뉴가 너무나 많다. 한국에서는 잘하는 몇 가지 메뉴로 맛있게 하는 집이 맛집이지만 중국인들은 다양한 메뉴 속에서 맘에 드는 한국 음식을 찾아 먹어 보는 재미가 있는 듯했다. 또 다른 특징은 가격과 양에서 중국 소비자들의 취향을 맞추었다. 한국 음식을 먹어 보는 게 소원이 아닌 바에야, 가끔씩 먹을 수 있는 가격이라야 중국인들도 부담 없이 찾을 수 있다. 그리고 아직도 음식을 남기는 것이 미덕인 중국인들에게는 음식이 넉넉해야 한다.

또 다른 틈새시장 공략업체는 서래갈매기다. 서래갈매기는 한국에서도 유명한 갈매기살 전문집으로 중국 내 프랜차이즈 사업에서 성공적인 확장세를 이어가고 있다. 2015년에 오픈한 서래갈매기 식당은 시내 핵심가는 아니지만 중국인들이 모이는 상가상권에 위치하여 있으면서, 독특하고 차별화된 서비스를 제공함으로써 중국인 손님들이 끊이지 않고 있다. 중국 식당도 많이 변하고는 있지만 서래갈매기의 시안 현지화 성공 특징은 직원들의 친절함과 메뉴의 독특함으로 생각된다. 저렴한 고기구이를 먹지만 대접받는 듯한 직원들의 서비스, 독특한 고기 소스, 한국적인 음식문화 등은 현지 젊은층들의 관심을 끌어내는데 성공했다는 분석이다.

이외에도 다양한 사업아이템과 프로젝트로 시안 시장을 두드리는 한국 기업들은 계속 움직이고 있다. 다만 우리는 시안 시장을 충분히 이해하고, 준비하는 노력을 바탕으로 중국 업체가 생각하지 못하는 틈새시장을 끊임없이 공략해야 한다.

중국 시안을 비롯한 내륙시장 진출은 정말 어려운 과제이고 많은 기업들이 너무도 많은 수업료를 지불했다. 하지만 어려운 시장이기 때문에 개척해야 하고, 성공하면 더 많은 과실이 있지 않을까 한다. 시안 주변 화산 관광지와 함양신구 개발계획에 한국 자본투자 프로젝트가 검토되는 등 시안이 관심의 수면 위로 떠오르고 있는 지금, 우리 한국 기업의 방향을 다시 한 번 고민해 볼 필요가 있다.

충칭, 중국 내륙시장의 새로운 대안인가

중국 서부내륙의 쓰촨성과 연접해 있는 충칭(重慶, 중경)은 우리에게도 '중경삼림(重慶森林)'이라는 영화와 '중경훠궈(重慶火锅)'라는 음식으로 비교적 많이 알려진 도시다. 그러나 비즈니스적인 면에 있어 충칭을 이해하고 있는 한국인은 그리 많지 않을 것이다. 하지만 중국의 베이징, 상하이 등과 함께 직할시 지위를 가지고 있는 충칭은 8.24만㎢의 면적으로 대한민국의 83%에 해당하고 인구는 3,280만 명을 보유하고 있는 명실상부한 서부내륙지역 최대 도시다. 소비재 매출 규모도 5,000억 위안이 넘어 산시성 시안에 비해서도 2배에 달하는 소비도시로서, 핵심 상권인 제팡페이(解放碑) 주변을 방문해 보면 이곳이 상하이인지, 선전인지, 내륙도시인지 구분이 안 될 정도로 화려한 경관을 자랑한다.

<충칭의 제팡페이 거리 야경>

충칭은 고대 위저우(渝州)라는 명칭으로 불리던 도시로 1950년대 쓰촨성으로 편입되었다가 1997년 8월 직할시로 승격되면서, 본격적인 경제성장이 이루어졌다. 1960년대 마오쩌둥의 3선 건설정책에 따라 연해지역에서 이전해 온 국영기업을 중심으로 군수, 철강, 기계 등 중공업이 발전하였으며, 현재에도 10여 개의 자동차회사를 보유하고 있을 정도로 기계장치산업이 발전해 있다. 또한 충칭은 서부내륙도시 중 빠른 경제 성장률을 보이고 있는 도시 중 하나로서 2011년에는 26.3%의 GDP 성장률을 보였고, 중국의 성장률 하락세였던 2014년도에도 10.9%라는 두 자릿수 성장률을 유지했던 도시다.

충칭은 또한 중국 정치상 중요한 인물이었던 보시라이(薄熙來)가 시장을 역임했던 도시다. 충칭 당서기에 취임한 보시라이는 중국 범죄와의 전쟁을 선포하며 부패를 척결하겠다는 강력한 의지로 충칭 내 부패사범에 대한 척결을 적극 추진하고, 충칭이 중국 내에서 두각을 나타낼 수 있도록 경제성장에 일조하면서 충칭 시민뿐만 아니라 중국 전역에서도 높은 인기를 누렸었다. 결국 본인도 부패사범으로 역사의 뒤안길로 사라지긴 했지만, 충칭 경제 발전에 기여한 노력은 지금 효과를 나타내고 있는 듯하다.

중국 내륙의 대표적인 소비도시인 충칭은 물류면에서도 여러 가지 장점을 가지고 있다. 중국의 양대 하류 중에 하나인 장강(長江)을 이용한 수운이 가능하여, 상하이까지 이어지는 이러한 수상 운송 능력을 바탕으로 가공무역이 발전해 있으며, 2014년에 개통된 위신오우(渝新歐) 철도는 카자흐스탄, 러시아, 벨라루스, 폴란드를 거쳐 독일의 뒤스부르크까지 이어져 있어 충칭에서는 '신 실크로드'라고 불리고 있다. 이러한 유럽행 철도 운송 능력을 기반으로 충칭에서 생산되는 노트북 4,200만 대 중 90% 이상이 유럽으로 수출되고 있고, 전체 IT 제품의 40%가 유럽으로 수출되는 등 유럽과의 무역관계가 긴밀한 특성을 가지고 있다.[11]

이러한 충칭의 지리적 경제적 중요성에도 불구하고, 2014년도까지 한국 기업의 진출은 매우 낮았으며, 현지 한국인 거주 규모도 500여 명이 채 안 되는 교민사회를 가지고 있었다. 그런 충칭이 2015년부터 관심의 대상이 되면서 술렁이기 시작했는데, 바로 현대자동차 생산공장 투자 소식이 전해지면서부터였다. 2014년 삼성반도체가 70억 불을 투자하여 시안에 진출했을 때, 시안 역시 한국협력업체 및 소상공인들이 몰려 한때 교민사회가 6천여 명까지

---

11) 코트라 충칭무역관, 충칭시 경제 현황, 2015.

증가했었는데, 현대자동차의 투자진출 소식은 반도체 공장 투자 소식보다 더 뜨거운 뉴스였다. 자동차 산업의 벨류체인과 협력업체 규모는 반도체산업과 게임이 되지 않을 정도로 파급력이 컸기 때문이다.

2015년을 기점으로 충칭에도 한국인들이 몰려들기 시작했다. 식당에서부터 컨설팅 업체, 인테리어 업체 등 한국 대기업 진출 효과를 기대하는 많은 소상공인들이 진출을 검토하거나 사무실을 오픈하는 등 활기를 띠었으며, 현대자동차도 생산라인 착공에 들어갔고, 협력업체 일부는 이미 공장건설 마무리 단계를 추진하고 있었다. 그러나 그러한 흐름에 약간의 제동이 걸리기 시작했다. 2015년 하반기부터 중국 내 시장점유율에 이상이 나타나기 시작한 현대기아자동차 판매고가 2016년 2월 전년 동기 대비 21.2%나 급감[12]되면서 현대자동차 생산라인 건설이 시간 조절에 들어간 것이다. 중국 전체 자동차 판매량이 2.3%나 증가한 추세 속에 나타난 부진이라 더욱 민감한 사안이었다. 현대자동차뿐만 아니라 협력업체의 공장건설 및 생산계획도 함께 늦추어지게 되면서, 충칭 특수를 기대했던 초기 진출 한국 기업 및 소상공인들은 다시 한 번 타격을 받게 되었다. 충칭에 초기 진출을 검토했던 기업 및 소상공인들 중 대부분은 시안에서의 어려움과 한계를 타개해 보고자 넘어갔던 사례가 많아 피해가 커지고 있는 것으로 보인다.

충칭은 베이징, 상하이, 칭다오 등 연해지역에 비해서는 향후 발전 가능성이나 투자기회가 높은 것은 사실이다. 시안에 비해서도

---

12) 박태건, 「현대기아차만 중국 판매 급감, 위기도래」, 『뷰스앤뉴스』, 2016.04.05.

월등히 높은 소비구매력을 보유하고 있고, 생산 인프라 및 기업운영 여건에서도 장점을 보유하고 있는 도시다. 그러나 높은 소비구매력과 현대자동차 생산공장의 건설 계획만을 가지고 충칭을 한국 기업이 진출해야 하는 내륙거점으로 단정하기는 어렵다. 분명히 충칭의 장점이 있고, 투자기회 및 여건이 있을 것이다. 중요한 것은 투자를 검토하는 기업이 얼마나 현지 여건을 이해하고 준비하며, 치밀하게 대응해 나가는지의 자세 문제일 것이다.

제4장

중국의 신창타이와 경제구조조정

내륙에서 본 신창타이 시대

신창타이의 개념

중국판 뉴노멀(NewNormal)이라고 불리는 '신창타이' 개념이 중국 내에서 화제다. 2014년 5월 시진핑 주석이 허난성 시찰 때 처음 언급한 개념으로 중국의 새로운 시대 '핵심 키워드'인 것처럼 중국 학계 및 중국 정부 측에서 그 의미를 분석하고 발표하느라 난리 법석이다.

'신창타이(新常態)'란 어떤 개념일까? 글자 그대로 인식한다면 새로운 정상적 상태를 의미한다. 도대체 새로운 정상적 상태라는 게 무엇을 말하는 것인가? 이에 대한 부분은 학계나 정부 등에서 여러 가지 의미를 부여하고 있는데, 대체적으로 공통적인 내용은 이렇다. 그동안 고속성장으로 이어져 온 중국 경제의 새로운 국면과 방향성을 말하는 것으로 여겨지는 것이다. 구체적으로는 세 가지 단어로 압축되는데, 구조개혁(調結構), 내수확대(擴內需), 안정적인 성장

(保增長)이 바로 그 키워드로 보인다. GDP 고속성장 위주의 내부체계를 구조조정하여 개혁하는 상태, 수출 위주의 산업시스템을 내수지향형으로 변환시키는 상태, 그러면서도 안정적으로 성장을 유지하는 상태, 이 세 가지 변화된 새로운 상태를 '신창타이'라고 생각하는 것이다.

우리나라에서도 일부기관들에 의해 이러한 '신창타이'에 대한 분석이 이루어지고 있는데, 그 내용을 요약해 보면 중국 경제가 중고속성장기에 진입한 상황에서 성장패러다임을 전환하고 구조조정 등 시장개혁을 통해 민생안정과 경제발전을 동시에 추구하는 정책을 의미한다고 정의하면서, 4가지 특징을 제시한다. 일단 10%대의 고속성장에서 7%대의 중고속성장으로 변화할 것이고, 산업구조 및 수요구조, 소득분배 등에 있어 구조적인 변화가 이루어질 것이라고 보고 있다. 또한 성장동력은 노동집약적인 산업에서 자본기술 집약적 산업으로 전환되고 중국 경제의 내부적인 부동산 거품, 지방부채 증가 등 불확실성이 증가된다는 것이다.

여기에서 조금 더 나아가, 중국 경제학자인 랑셴핑(郞咸平) 교수의 관점은 좀 더 새롭다.[13] 랑 교수는 근본적인 중국 경제의 문제 본질에 더 근접한 의견을 제시하고 있는데, 그 핵심은 중국 정부의 경제개입에 관한 문제다. 정부는 정부의 본질로 돌아가고, 시장은 시장의 본질로 돌아가야 진정한 개혁이 이루어지고, 이러한 개혁을 통해 앞선 말한 구조조정, 내수확대, 안정된 성장 등이 정상적으로 이루어질 수 있다는 것이다. 이러한 본질적 개혁이 이루어지

---

13) 郞咸平, 中國經濟的舊制度与新常態, 東方出版社, 2015.

지 않는 상태에서 부르짖는 '신창타이'는 공허하며, 장님이 코끼리 만지는 것과 다를 바 없다는 것이다. 지난 10년 동안 중국 정부가 개혁적인 노력을 하지 않은 것은 아니었다. 다만 중국 정부가 시장 참여에서 빠져나오려 하지 않고 국유기업 등을 이용해서 계속 시장에 개입하고 관리하려는 노력이 진정한 구조개혁의 걸림돌이 되면서 성과를 내지 못하고, 오히려 부동산 거품 및 지방정부 부채 확대 등 기형적인 경제구조를 만들어냈다는 것이다. 랑 교수는 이를 '보이는 손'이라고 표현하면서, 정부의 보이는 손이 계속 작용한다면 결국 경제적 부는 국유기업에 집중되고 권력이 정부에 집중되면서 사회적 불평등이 가속될 것이라고 보고 있다.

대표적 문제 사례로 드는 것이 2008년 글로벌 금융위기 때에 중국 정부에서 4조 위안을 투자하여 경제를 회복시키는 노력이다. 이때 풀린 자금은 대부분 국유기업으로 흘러들어 가서 과잉설비투자 및 생산력 과다 현상으로 나타났게 된다. 이에 대한 해결책으로 중국 정부는 민간소비를 촉진시키게 되었고, 이에 과도한 민간 자본이 부동산 투자로 유입되게 되면서 부동산 거품경제가 발생하게 되었다는 것이다. 정부의 시장경제 주도 현상을 랑 교수는 '정부 행위의 기업화'라고 말하고 있는데, 공공정책을 추진함에 있어, 정부 각 부문 간에 과도한 심사과정, 비준절차 등이 많은 비용 요소들을 발생시키고, 국유기업이 정부정책을 앞세워 비효율적인 기업운영과 과점체제를 계속 유지함으로 인해 공공이익이 민간에게 분배되지 않고 권력과 자원이 정부와 국유기업에 집중된다는 것이다. '정부 행위의 기업화'는 또 다른 문제점을 가지고 있는데 바로,

'경제 행위의 단기화'이다. 일반적인 지방정부 고위관료의 임기는 일반적으로 5년 내외인데, 정부의 현재 시장관리 시스템에서 인정받을 수 있는 중요지표인 GDP에 따라, 임기 내에 장기적인 내부시스템 개혁이나 지속 가능한 발전모델을 추진하기보다는 빠른 시간 내에 성과가 나타날 수 있는 건설 등 산업인프라 투자 등에 집중할 수밖에 없는 것이다. 랑 교수는 이상의 시스템을 중국 경제의 구(舊)제도로 지적하면서, 이에 대한 구체적인 해결노력이 중국의 '신창타이'의 중요 핵심 선결 조건이라고 주장하고 있다.

중국 정부의 신창타이 추진과 의미

이러한 구제도의 해결 노력으로 중국 정부도 점차 움직이고 있는 모습이 나타나고 있다. 신임 중국 지도체제가 등극한 뒤 주요 핵심이슈는 '작은 정부 권력 분산(簡政放權)'이었다. 실제로 집권 1년 동안 중앙정부의 행정비준사항 416개를 취소하거나 하급단위로 이양했고, 348개 항목의 행정사업수수료를 취소하거나 면제하였으며, 2014년 중국 양회 기간에 리커창(李克强) 총리는 향후 200개 이상 항목의 행정심사 비준권을 하급단위로 이양할 것이라고 강조했다. 이에 대한 보다 실체적인 문건이 2차례에 걸쳐 공포되었는데, 하나는 중공(中共) 18차 3중전회에서 발표된 결정이다. 핵심은 공권력을 축소하고, 국민과 개인의 사적인 권리를 확대하는 내용으로 정부가 본래의 위치로 돌아가려는 취지인 것이다. 다른 하나는 중공(中共) 18차 4중전회에서 공표된 결정으로 중국의 법치주의를 강조하면서 규범적인 시장경제체제가 법에 따라 준수되고 운영되는 시스템을 만들겠다는 것이다. 정부가 시장에 과도하게 간섭하지 않고, 국제적으로 인정될 수 있는 내부규범을 확립한 후, 시장이 이러한 규범적인 시스템하에서 법치에 따라 정상적으로 돌아갈 수 있게 만드는 것이 현재 중국의 진정한 '신창타이'의 개념이라고 볼 수 있다. 랑 교수는 중국 정부의 이러한 행보가 정상적으로 신행되고, 시스템으로 안착화하면, 1992년 덩샤오핑의 '남방강화' 이후 2번째로 중국의 재도약기를 맞이할 수 있게 된다고 보면서, 정상적이고 보편적 가치관을 공유하는 시장경제국가로 거듭난 진정한 '신창타이' 국가로서의 중국이 세계 경제 질서의 참여자에서 건설자로 나아갈 수 있다고 역설하고 있다. 실크로드 전략으로 많이 알려진 '일대일로' 정책은 그 대표적인 사례라고 할 수 있다.

그렇다면, 이러한 중국 정부의 '신창타이' 발전 추세를 우리는 어떻게 받아들이고 대응해야 할 것인가? 우선 중국이 사회주의 체제하의 구제도를 개혁하고, 전 세계가 공유할 수 있는 가치관을 확립하여, 투명하고, 공정한 시장경제체제를 구축해나간다는 것은 우리 기업의 투자진출과 공정경쟁에 있어 좋은 조건이라고 할 수 있다. 그동안 우리 기업의 투자진출과 중국 시장 경쟁을 방해해왔던, 불합리한 규제와 제도가 개선되어 기술력과 창조적인 아이템만 있으면 도전해볼 만한 시장이 될 수도 있다. 그러나 과연 중국 정부의 이상적인 개념처럼 진정한 '신창타이'가 될지는 지켜봐야 할 것이고 아직 풀어야 할 숙제가 너무도 많다, 그리고 설령 그렇게 된다 하더라도 자국 기업을 방치하고 자국시장 내에서 외국기업이 마음대로 활개칠 수 있도록 내버려 둘지는 의문이다. 현재도 갖은 비관세장벽으로 자국 기업을 보호하고, 외국기업 진출에 고삐를 죄고 있는 현실 속에서 우리가 느끼기엔 아직도 먼 얘기처럼 들릴 수도 있겠다. 또한 우리 입장에서 두려운 면도 있다. 중국 정부의 '신창타이' 개념 속에는 표면적으로 드러나지 않지만 '중국 대국굴기'의 상태도 분명 중국 지도자들의 생각 속에 들어있다고 보여진다. 그동안 외국기업의 단순한 생산공장으로서 저부가가치 노동집약적 산업만을 발전시켰던 중진국 중국이 이제 대국으로서의 전환을 꿈꾸며, 그 구체적 실천 계획들을 하나하나 이행하고 있는 것이다. AIIB, 일대일로 정책 등이 그 대표적인 내용들인데, 과거 역사적으로 중국이 대국이었을 때, 주변국의 상황을 되돌아본다면, 우리에게 중국이 새로운 강대국으로서 등장하는 이러한 추세는 결코 가벼이 대응할 문제가 아닐 것이다.

중국의 '신창타이' 시대는 이미 진행 중이다. 규모가 작은 국가가 톱니바퀴라면 중국은 물레방아다. 돌리기까지 많은 힘과 시간이 필요하지만, 일단 바퀴가 돌기 시작하면, 그 파급력과 확장성은 중국인 스스로도 모른다. 어느 순간 우리나라 경제의 중국 의존도가 위험수위까지 다다른 현상황에서, 중국이 변하고 있는 이 상황을 정확히 인지하지 못하고, 준비하지 않으면 개인이나, 기업, 경제 어느 분야도 적지 않은 타격을 입게 될 지도 모른다. 이미 한국에는 중국 기업이 요구하는 제품을 OEM하고 있는 기업이 많다. 과거 중국이 우리에 생산공장이었지만 이제는 우리가 중국의 제품을 대신 생산해주는 하청 국가가 될 수도 있는 것이다. 우리에게 '신창타이'는 기회일 수도 있고 무서운 악몽이 될 수도 있는 게 중국 내륙에서 보여지는 현실이다.

02

부패개혁 대상이 된 중국 국유기업

사회주의 계획경제 체제하의 국유기업은 과거 중국 경제 동력의 핵심으로서 지금까지도 중국 고속성장을 견인하는데 일정 부분 역할을 담당해 온 게 사실이다. 세계 경제 500대 기업에 포함되어 있는 중국 기업의 대부분이 중국 국유기업이고, 공상은행(工商銀行)은 자산 규모면에서도 전 세계 금융기관 중 단연 두드러지는 위용을 자랑하고 있다. 이런 중국 경제의 거대한 축, 국유기업이 중국 신경제 '신창타이' 시대를 맞이하여 중국 경제 부패의 대상으로 지목되면서, 강력한 부패 청산과 구조개혁의 폭풍을 맞고 있다.

자료에 따르면, 과거 중공 14차 기간부터 중공 17차 기간까지 연평균 낙마(落馬)한 부부장급 이상 고위관료의 수치는 6~10명 사이였다. 그러나 중공 18차 기간에는 2014년 말 기준으로 벌써 연평균 28명이 넘는 고위관료가 낙마하고 있다.[14] 중공 18차 기간 수치

---

14) 郎咸平, 『中國經濟的舊制度与新常態(國企絶對的壟斷到致絶對的腐敗)』, 東方出版社, 2015, 2~8pp.

의 증가는 당연히 부패 척결의 높은 기치 아래 강력히 추진되는 반부패 정책에 근거한 이유지만, 그 수치 속에 국유기업 관련 인물의 수치도 점차 증가하고 있다는 부분이 특이점이다. 반부패 조사 대상에 오른 인물의 성향비를 볼 때, 16차와 17차 기간 12%에 불과했던 국유기업 관련 고위관료가 18차 기간에는 21%로 급증했는데, 이는 국유기업의 부패가 이제 중국 정부의 처리 대상으로 표면에 드러났다는 의미로 이해할 수 있고, 중국 정부가 강력한 감찰을 통한 부패 조사와 구조조정을 시작했다고 생각해도 무방할 것이다.

중국 국유기업은 중국인들 사이에서도 '철밥통(鐵飯桶)'으로 불리면서, 안정적으로 독점시장을 관리만 하던 시스템 속에 있었는데, 급격한 경제발전과 중앙정부의 확대지원정책에 힘입어 외형이 커지게 되는 현상이 나타나게 되었으며, 이러한 불투명한 시스템 속에서 정부와 밀착된 국영기업이 자연스럽게 부패로 이어지게 된 것은 크게 이상한 결과가 아닐 수도 있다. 중국 경제학자 랑셴핑 교수는 국유기업의 부패 유형을 크게 세 가지로 분리해서 보았다. 하나는 재산권거래 및 자산 평가상의 부패, 또 하나는 물자구매 및 경쟁입찰비리, 마지막 하나는 해외 투자 관련 부패 의혹이다.

2014년 4월 15일 신화사(新華社)[15]의 〈경제참고신문〉 수석 기자인 왕원즈(王文志)는 SNS(웨이보)상에 국영기업인 화룬(華潤)그룹의 동사장 비리를 공개했는데, 재산권을 거래함에 있어 52억 위안 가치의 광산업체를 100억 위안에 구매함에 있어 평가 및 거래상에 비

---

15) 중국 경제 언론사 중 하나.

리혐의가 있다는 내용이었다. 온라인에 올 린지 2일 만에 중앙기율감찰부에서는 즉각 동사장을 체포하여 조사했다고 알려졌다. 그러나 화룬(華潤)그룹의 자산은 2013년 기준으로 1조 홍콩달러에 달하며, 밝혀진 사건 액수는 1%밖에 못 미치는 수치인 점을 감안할 때 이러한 거래는 충분히 더 있었을 것이라고 중국 측에서는 추측하고 있다. 이것이 바로 첫 번째 부패 유형에 해당한다.

두 번째, 비리 형태는 입찰 비리다. 랑셴핑 교수의 조사에 따르면, 중국 113개의 중앙 국유기업이 1년에 진행하는 경쟁입찰은 22.6만 건에 이른다. 국유기업 평균 매년 2,000건의 입찰을 진행하는 꼴인데, 세계적으로 유명한 기업 엑슨모빌의 경우 1년에 입찰을 진행하는 건이 200건에 불과하다고 하니 중국 국유기업의 입찰 진행 건수는 거의 상상을 초월하는 규모다. 문제는 이렇듯 많은 입찰을 진행하다 보니, 그 과정상에 뇌물이 오고 가는 건 사례[16]로도 나타나고 있고, 2011년 12월 중국법률신문 〈法制晚報(법제만보)〉상에 등재된 중국 최고인민검찰원범죄예방처 관료의 말을 빌리면, 중국 대형프로젝트 입찰 건 자금 중 15~30% 이상은 관료 뇌물로 흘러간다고 한다. 물론 현재도 그렇다는 건은 아니다. 다만 구조조정 대상이 된 국유기업의 과거 부패 유형을 언급하는 것으로 이해해야 한다.

랑셴핑 교수가 언급한 세 번째 국유기업 비리 형태는 바로 해외투자 항목상 비리인데, 2011년 해외에 국유기업이 투자하여 설립한

---

16) 前 중국 철도부부장 류즈쥔 사례(郎咸平, 中國經濟的舊制度与新常態, 國企絶對的壟斷到致 絶對的腐敗, 7p), 2015.

2,000개 기업 중에 27.3%가 손실을 보고 있다고 하는데, 이 투자 과정상에 의혹이 많은 것 외에도 중국 국유기업의 자산이 손실로 빠져나가고 있는 상황이 문제라는 것이다. 그러나 해외투자에 대한 부분은 명백히 투자 과정상에 뇌물거래나 사익교환이 증명되지 않을 경우, 반드시 문제로 몰고 갈 수만은 없다고 생각된다. 그러나 과정상의 투명성과 철저한 후속 감찰 등의 절차는 필요하다.

이처럼 오랜 기간 철밥통의 안정 속에서 부패를 발생시켰던 중국 국영기업이 새로운 신중국 시대의 첫 번째 개혁대상으로 지적되면서, 강력한 구조조정과 감찰이 계속되고 있다. 덕분에 중국 고급식당가는 역대 최고의 위기를 맞고 있으며, 중국 경제 역시 타격을 피하지 못하고 있는 상황이다. 그러나 중국 정부의 입장은 확고해 보인다. 경제 성장률의 타격과 일부 경기침체의 상황을 감내하고라도 국유기업의 부패고리를 끊고, 강력한 구조조정으로 국제적 경쟁력을 제고시켜야 '신창타이' 시대에 중국 경제가 지속 가능한 성장시스템으로 이어질 수 있다고 보는 것이다.

얼마 전 중국 철도기업의 양대산맥인 중국북차와 중국남차가 합병하여 고속철도분야에 있어 공룡기업이 탄생했다. 기존 중국의 철도기술은 넓은 중국 대륙을 철길로 도배하면서 이미 세계적인 수준으로 성장했는데, 연관된 거대 국영기업 2개가 합쳐짐으로써 보다 거대한 세계적 공룡기업이 탄생하여, 관련 철도시장을 먹어 삼킬 기세다. 바로 이 부분이 우리가 중국 기업을 다시 보고 경계해야 할 부분이다. 그동안의 대기업 위주 정책으로는 중국의 공룡기업과 게임이 될 수 없다. 신발이나 생산하던 노동집약적 중국 기업의 시대는 잊어야 한다. 거대한 자산과 기술을 보유한 공룡기업들이 부패를 척결하고, 구조조정을 통해 효율적 시스템을 갖추어 나가고 있는 이 상황에서 우리가 대응해야 할 방안은 창조적 기술력으로 무장한 강력한 강소기업을 육성하는 방법 외에는 없다. 중국이 무서워진다. 중국 공룡 국유기업이 새로 태어나고 있다. 현실을 직시하고 우리 중소기업의 살길을 찾아야 한다.

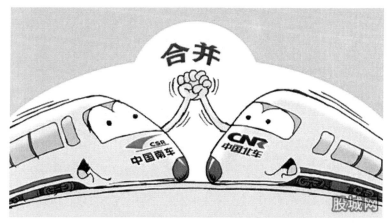

<중국 철도 양대 국유기업인 남차와 북차의 합병>

심각한 경영 위기에 빠진 중국 기업 상황

중국 중앙정부의 7% 중고속성장으로 정책이 전환되고, 비효율적 산업생산분야의 강력한 구조조정과 정경유착 부패에 대한 단속강화로 중국 내 기업들의 경영난이 지속적으로 가중되고 있다. 아직까지는 수출 위주의 산업구조인 상태에서 국제경기 하락과 원자재가격 하락세 유지는 중국 내 외자기업, 국영기업, 민영기업 모두에게 매우 힘든 상황으로 이어지고 있는 것이다.

중국 내 한국 기업의 상황

산둥성(山東省)지역에 진출한 한국 기업은 2000년도에 1만여 개에 이르렀으나 2013년에는 4천7백 개로 현격하게 줄어들었으며[17] 산

---

17) 권대수, 『중국 제조 2025 전략 한국 기업의 위기와 도전』, 생각을주는나무, 2015.

둥성 웨이하이의 경우에는 2007년 2,000여 개의 기업이 이제 6백여 개에 불과할 만큼 폐업과 철수가 이어지고 있다. 삼성과 LG 등에 납품을 위해 진출한 한국 기업들은 톈진, 광둥성 둥관, 장쑤성 난징 등지에 밀집해 있었으나, 삼성전자 휴대폰 라인이 베트남으로 이전하는 바람에, 철수를 하거나 업종을 변경해야 하는 위기에 봉착했으며, 그나마 대기업이 유지되고 있는 지역도 중국 기업과의 치열한 원가 경쟁으로 단가 인하 및 인력 구조조정이 끊임없이 요구되고 있는 상황이다.

2014년에 시안에 삼성반도체가 신규 진출하고, 2017년 충칭에 현대자동차가 신규 공장라인을 건설하는 수요로 인해, 한국 협력기업들의 신규 진출이 증가하고는 있으나, 시안의 경우 반도체산업 특성상 협력업체가 많지 않고, 2기 생산라인의 건설이 무기한 연기되어 있는 상황으로 향후 상황이 밝지는 않은 상황이며, 충칭 역시 현대기아자동차의 중국 내 매출 실적이 2015년 하반기부터 급격하게 하락하고 있는 추세여서, 협력업체들의 진출 및 경영 상황도 그리 낙관적이지 않다.

실례로 2015년 광둥성, 베이징, 산둥성 등지에 경영 애로 해소를 위한 교육설명회를 개최하면서 의견을 청취한 결과, 기업들의 경영 애로는 중국 진출 이래 최고조에 달한 상황이다. 심지어 진출기업들은 중국법인 청산절차에 대한 교육과정을 강화해달라고까지 요청하고 있는 상황이었다.

중국 기업이 처한 상황

2015년 6월 기준으로 중국 내 등록기업은 7,419만 개에 이르고, 2013년도에 1,132만 개, 2014년도에는 1,293만 개가 신설되는 등 빠르게 창업 열풍이 불고 있다. 그러나 공식적인 폐업 기업의 데이터는 나오지 않고 있다. 중소기업청 권대수 국장의 자료에 따르면, 중국 내에서는 2014년도에 423만 개의 기업이 소멸되었고, 그 추세는 확대되고 있는 것으로 추정되고 있다. 물론 신규로 창업되는 기업의 수치가 월등히 높지만, 2014년부터 시작된 중국의 산업 구조조정 및 경기 하강에 따른 기업 압박이 심화되고 있는 추세를 감안할 때, 중국 기업의 폐업 광풍은 곧 시작될 것으로 보이고, 매년 발생하는 700만 명 이상의 신규 대졸 구직자들의 취업난도 점차 심화될 것으로 보인다.

중국 경제는 사회주의 경제 시스템으로 성장되어 왔기 때문에 국영기업이 많은 편이다. 특히 철강, 인프라, 기간산업분야에 있어서는 국영기업이 중국산업을 이끌어왔고, 현재 세계 500대 기업에 이름을 올린 중국 기업도 대부분은 국영기업이다. 그러나 그러한 국영기업들이 몸집을 키우는 데만 집중하고, 생산 효율성이나 기술력 강화 부문에 약세를 보이면서, 점차 국제적인 경쟁력을 잃어가고 있고, 결국은 매년 적자를 가중시키는 좀비 기업으로 변해가고 있는 것이다.

중국 중앙정부는 이러한 비효율기업에 대한 강력한 구조조정의 칼을 빼 들었다. 실적 없거나 적자가 계속되는 국영기업은 합병과 인력 구조조정 등을 통한 개선방안을 제시해야만 하는 현실이 닥친 것이다. 2016년 초 중국에서는 중국 국영기업 CEO의 자살과 행방불명 뉴스가 자주 등장했다. 경영에 어려움을 겪던 동베이특수강(东北特钢)의 양화(杨华) 회장이 2016년 3월에 사망했는데, 자살 의혹이 대두되었고, 2015년 6월에는 안후이(安徽)성에서 가장 큰 국유기업인 둥링(铜陵)유색금속그룹 회장이자 당 서기인 웨이장홍(韦江宏)이 우숭산(五松山)호텔 5층에서 뛰어내려 스스로 생을 마감했다.[18] 이러한 국영기업 대표들의 자살과 사망 소식은 최근 중국 국영기업의 CEO들이 얼마나 고통스러운 고민에 빠져있는지 대변해 주는 듯하다. 과거에는 국가산업을 독점하며, 편안한 경영을 영위하던 공룡기업들이 경영악화와 경쟁력 하락에 위기에 빠진 데다가, 중앙정부에서마저 강력한 구조조정의 칼을 휘두르고, 문제해결에 도움을 줄 분위기가 아닌 상황이니 국영기업은 답답한 마음일 것이다. 리커창 총리는 2015년 말 상무회의에서 구체적으로 3년 이상 손실을 기록한 기업은 구조조정, 생산권 이양, 폐업 등의 조치를 취하라고 지시했고 2017년까지는 이행할 것을 요구했다.

민심 역시 곱지 않다. 국가의 세금을 축내는 국영 좀비기업은 진작에 망했어야 한다는 의견이 많은 상황인 것이다. 현재 중국 내 국영기업 구조조정 대상 임직원의 수는 180만 명에 달한다. 국영기업은 급여를 줄이고, 이익률 제고를 위한 묘수를 총동원하여 몸부림을 치고 있지만 구조적인 개혁 없이는 국제적인 경쟁력을 갖춘 기업으로 변모될 가능성은 높지 않아 보인다. 일부 지방정부에서

---

18) 현문학, 「구조조정 칼바람 부는 좀비기업에 무슨 일이」, 『매일경제』, 2016.03.28.

는 국영기업들이 많은 수의 인력채용을 담당해주고 있는 점을 감안하여, 지역 국영기업을 살리기 위한 노력을 하면서 속도 조절을 하고 있는 상황이나 장기적으로 중국 국영기업의 체질개선은 당연한 목표이고 고통스러운 구조조정 시기는 당분간 이어지리라 보여진다.

개혁개방의 혜택에 맞물려 빠르게 성장하고, 국영기업의 산업부문을 잠식해가던 중국 민영사기업 역시 커다란 한계에 부딪힌 모습이다. 중국 기업들이 모이는 자리에서 이야기를 들어보면, 중국 기업들이 개혁개방 이래 최대의 위기에 당착했으며, 어쩔 수 없이 대규모 폐업 사태가 올 수밖에 없을 것으로 예상하고 있었다. 일부에서는 2020년까지 중국 내 민영기업의 95%가 연쇄 줄도산할 것이라는 예측도 하고 있는 상황이다.[19] 그 주요한 원인은 물론 세계적인 경기 불황과 중국 수출감소라고 볼 수 있으나, 더 심각한 원인은 중국 민영기업의 경쟁력 부족에 있다. 개혁개방 시절 짝퉁 제품을 만들어 무조건 저가로 생산만 하면 수출이 되던 시기에 성장하던 기업이 대부분인 상황에서 자체적인 신기술을 보유하고 있거나 연구개발이 이어지는 모습은 찾아보기 어렵다. 실제로 해외 선진국의 연구개발비 투자비율이 20%에 육박하는데 비해 중국은 5%밖에 안 되는 게 현실이다. 비용투자를 통해 연구 개발한 제품을 생산하여 파는 것보다, 복제한 제품으로 빠르게 돈을 버는 데 익숙해진 중국 민영기업들이 연구개발에 투자를 강화했을 리가 없었다. 최근 IT와 제조업의 융복합 추세와 하이테크 기술산업분야

---

19) 현문학, 「돈 가뭄 중소사기업들 95% 줄도산 위기」, 『매일경제』, 2016.04.11.

로 산업계 지도가 변화하고 있는 상황에서 중국 민영기업들은 더이상 경쟁력과 설 자리를 잃어 가고 있는 것이다. 중국 정부 당국도 애써 외면하고 있는 모양새다. 그동안 짝퉁 제품으로 메이드 인 차이나의 부정적인 이미지를 생산해왔던 민영기업을 지켜주거나 보호해줄 이유는 없다는 계산이다. 이러한 상황이다 보니 당장 민영기업들은 돈 가뭄에 당착하게 되었다. 은행권에서 위기에 빠진 민영기업에게 더 이상 대출을 지원하지 않는 상황이 된 것이다. 당연히 기업 간에 연쇄도산을 우려한 동종업계에서도 서로 지원을 꺼리고 있는 상황이고, 결국 새로운 기술과 성장동력을 가지고 있지 못한 대부분의 민영기업들이 도산만을 기다리고 있는 것이다. 매년 1,000만 개가 넘는 기업이 창업하는 중국 경제 상황에서 이러한 민영기업들의 도산은 취업 문제에 있어서도 가볍게 볼 수 있는 상황은 아니다.

국영기업의 강력한 구조조정 몸살과 함께 민영기업의 이러한 경영악화 상황은 중국 경제의 현상황을 보여주는 모습이라고 생각되며, 중국 내수확대를 통한 중국 성장동력 전환계획 역시 당분간은 쉽지 않아 보인다.

04

중국의 부동산 시장과 시안

얼마 전 중국 관련 대학교수님을 만나 이야기를 나누던 중 중국 부동산 연구를 하시는 분이 있는데, 그분이 제일 듣기 싫어하는 말이 "중국 부동산 경기가 어떻게 될 것이냐?"라는 질문이라고 한다. 거침없이 상승하다가 2014년 큰 폭의 하락세를 겪었지만, 2015년부터 다시 베이징, 상하이, 선전을 위주로 상승하고 있는 추세를 이어가고 있고, 중국 내륙지역은 하락세를 보이는 등 한국에서 보기에는 도대체 종잡을 수 없기 때문이다. 중국 내에서도 부동산의 향후 경기에 대해서는 의견이 갈리고 있는데, 셰궈충(謝國忠)이라는 학자는 향후에도 부동산 가격은 50% 이상 하락할 것이라고 전망하고 있고, 베이징 상무부시장 리스샹(李士祥) 역시 공급증가로 하락을 점치고 있다. 그에 반해 부동산업계의 런즈창(任志强)은 인구구조와 도시화, 소비수준 상승 등을 이유로 중국의 부동산은 떨어질 가능성이 없다고 주장한다.[20] 중국 부동산이 상승할지 폭락할지는 사실 누구도 쉽게 예측할 수 없다. 다만 우리가 알 수 있는 것은 지나간 후 부동산이 폭락한 원인과 상승하는 추세에는 그 현상을 추측을 통해 이해하는 것뿐이다. 중국이라는 거대한 대륙의 부동산 관련 수치나 데이터를 모두 분석하는 것도 어려울 뿐더러, 그 분석이 예측으로서 가치가 있다고 장담하지도 못한다. 그러나 중국 부동산의 경제 구조적 관계와 현재 중국 정부의 정책 방향, 현재 지역별 현황 정도는 우리가 이해하고 있어야 할 필요가 있다고 본다. 중국에 부동산을 투자할 계획이 있는 분이 계신지 모르지만, 전체적인 구조와 흐름을 알고 접근하는 것과 모르고 접근하는 것은 천지 차이이고, 전혀 감을 잡지 못한 상태에서 부동산 중개인의 말만 듣고 결정해서는 안 되기 때문이다.

홍콩 중문대학교 랑셴핑 교수의 견해에 따르면, 2014년 초 중국 부동산 경기의 하락은 중국 지방정부와 은행의 구조적인 문제가 원인이 됐다고 한다. 그 출발은 2008년 중국 정부의 '4조 위안 투자계획'에서부터 문제가 발생했다. 2009년 49조 위안이었던 중국의 통화량은 2013년에 들어 110조 위안까지 폭증했는데, 이는 중국 중앙정부의 4조 위안 풀기정책의 결과다. 이렇듯 시장으로 흘러들어간 현금은 첫째, 지방정부의 과도한 건설 인프라 투자로 이어졌고, 현재 지방정부의 부채위기로 나타나고 있다. 둘째는 국영기업으로 흘러들어가 현재의 과잉생산 비효율화로 문제를 보이고 있다. 이러한 지방정부와 국영기업의 과도한 투자를 위해 대출을 지

---

20)   郎咸平, 『中國經濟的舊制度与新常態(銀行危機導致中國樓市危機)』, 東方出版社, 2015.

원해준 은행은 당시 고이율로 이득을 보았지만 결국 지방정부와 국영기업의 과도한 부채가 문제가 되자, 결국 단기유동성 부족이라는 은행위기로 나타났다. 유동성 위기 해소를 위해 은행이 취한 조치는 바로 장기담보대출 정지였다. 개인이 부동산매입을 위해 담보를 제공하고 30년간 빌릴 수 있는 담보대출을 중국 은행에서 갑자기 중단하거나 축소한 것이다. 이는 바로 부동산 시장에 충격을 주게 되었고, 2014년 초 베이징의 경우 부동산 거래량이 전년대비 48.7%가 하락하는 결과로 나타나게 되었다. 거래량이 하락한 것은 단지 베이징만이 아니었다. 상하이 18.5%, 광저우 39.7%, 선전 44.7%의 거래량 하락수치를 보인 것이다. 문제는 여기서 끝나지 않는다. 지방정부의 재정수입에도 타격이 생긴 것이다. 2014년 8월 중국 전역의 재정수입은 전년대비 6.1% 증가하는 데 그쳤고, 그중 세수증가는 1.9%에 불과했다고 한다. 그러나 랑셴핑 교수는 이 수치도 허수가 있을 것이라고 하면서, 대부분의 지방도시들은 재정수입이 마이너스 성장을 했을 것으로 추측하고 있다. 심지어 일부 지방도시는 세수증가율을 가공하기 위해 기업에 자금을 빌려주고, 그 자금으로 세금을 내도록 하는 방법도 이용했다고 한다. 특히 부동산 관련 세수가 급감하면서 지방정부의 2014년 세수확보에 비상이 걸렸다. 지금도 주요 경제연구보고서에서는 중국 지방정부의 과도한 부채문제를 제기하는 경우가 많은데, 결국 이러한 문제해결의 방법 중 하나는 지방 부동산경기 활성화라고 중국 지방정부는 보고 있는 듯하다.

2015년 중국의 부동산 경기는 양극화로 나타났다. 동고서저(東高

西低) 현상이 명확했는데, 베이징, 상하이, 광저우, 선전지역 등 1선 도시들은 상승세를 지속적으로 이어갔고, 시안, 정저우를 비롯한 내륙 2, 3선 도시는 하락세를 면치 못한 것이다. 중국중앙정부의 급격한 부동산 자극정책은 없었지만 꾸준한 완화정책이 이어진 효과를 수요가 많은 1선 도시들은 향유한 것으로 보이지만, 실질적인 구매력과 수요가 증가하지 못한 2, 3선 도시는 오히려 감소하는 형태로 나타난 것으로 보인다.

2016년 4월 산시성 인민정부에서 발표한 자료에 따르면,[21] 2016년 1분기 산시성 부동산투자액은 3.5% 성장했고, 부동산판매량도 25.2% 증가했다고 밝혔지만, 부동산 재고량도 47.4%나 증가하여 778만㎡의 건설된 재고 부동산이 판매되지 못하고 있다고 밝혔다. 특히 시안의 상황이 더욱 심각한데 부동산 재고량 증가율이 전기 대비 87.2%나 증가하면서 역대 최고치를 기록했다고 하며, 이 부동산 재고물량을 소화하기 위해서는 15.7개월이 필요하다고 밝혔다. 현재 건설되어 있지만 팔리지 못하고 있는 부동산이 318만㎡나 되는 것이다. 이러한 추세를 감안할 때, 중국 내륙도시의 부동산 가격하락은 불가피한 상황이 아닐까 조심스럽게 생각한다.

실제로 시안함양공항에서 시안내부고속도로를 달려, 시안 남쪽 고신개발구 지역을 지나면, 갑자기 고층빌딩과 수많은 아파트 단지들이 나타나는 모습을 볼 수 있다. 2014년 초 시안에 처음 부임한 이래, 고신개발구에서 계속 근무하면서 이 많은 부동산 건물이 채워질 수 있을까 항상 생각해 본 적이 있는데, 산시성 정부의 발표를

---

21) 刘百稳, 「一季度我省GDP同比增7.6%」, 『華商報』, 2016.04.21, A06.

군이 인용하지 않더라도 시안의 아파트 가격은 현재 떨어지고 있고, 앞으로도 하락 압력은 계속 받을 것으로 보인다. 최근 중국 정부에서 농민공 도시인 만들기 9대 조치(九項措施推进农民工融入城镇)를 밝혔다고 한다. 이러한 조치 역시 중국 내륙도시의 부동산 활성화를 위한 중국 정부의 다각적인 노력의 일환으로 이해해야 할 것이다.

              <주인을 기다리는 시안의 아파트>   <급속히 건설되고 있는 빌딩들>

제5장

중국의 미래와 실크로드 전략

01

세계의 블랙홀 중국으로 빨려가는
기술, 문화, 인력

2015년 7월 중국의 국영기업인 칭화유니그룹은 미국의 반도체회사인 마이크론 테크놀러지 인수 의사를 밝히고, 반도체 산업 촉진에 적극 뛰어들었지만, 결국 미국 정부의 반대에 부딪혀 성사되지 못했다. 중국의 국영기업이 중국 공산당 산하의 기업집단이라고 볼 때, 실제로는 중국 국가 차원에서 미국의 굴지 반도체사업체를 인수함으로써 오랜 시간 연구에 필요한 시간을 훌쩍 뛰어넘어 반도체 강국으로 발돋움하고자 하는 의지를 강하게 피력한 것으로 볼 수 있다. 결국 칭화유니그룹은 샌디스크를 우회 인수하는 방향으로 반도체 기술 확보를 위한 행보를 계속 이어 나갔다.

최근 삼성반도체의 중국 시안 진출도 이러한 추세와 무관하지 않은데, 삼성 측에서도 이러한 반도체 기술유출에 극도로 긴장 상태를 유지하면서 삼성반도체공장 가동 시 모든 라인에 반드시 한국 기술자를 365일 24시간 배치하여 감시를 늦추지 않고 있다. 산시성 인민정부에서 삼성반도체 기술연구소의 이전을 암암리에 압박하고 있다는 풍문도 있고, 삼성반도체 2기 공장 착공의 지연도 이와 무관하지 않으리라 생각된다.

중국의 신기술 인수합병 노력은 여기서 멈추지 않는다, 강력한 달러 파워를 앞세워 반도체뿐만 아니라, 정보통신, IT기술, 항공기술분야의 인수합병 투자를 지속하고 있다. 2014년 중국의 해외 투자액은 1,400억 달러를 넘어서면서, 해외투자유치(FDI)액인 1,150억 달러를 훌쩍 넘어섰고, 전 세계 대규모 인수합병 추진에는 대부분 중국이 뒤에 있다고 생각하면 된다.[22]

블룸버그 자료에 의하면, 중국 기업이 해외기업을 인수 합병한 사례는 2013년 335건 621억 달러에 달하며, 2014년 7월까지 250건 439억 달러에 달해 계속 상승 추세에 있는 것으로 나타났다. 주요한 사례로 2014년 1월에는 세계 PC업계 1위인 렌샹(聯想, 레노버)이 휴대전화 제조업체인 모토로라를 구글로부터 29억 달러에 인수하여 세계 3위 스마트폰 업체로 부상했고, 2014년 4월에는 국유기업 우쾅(五矿)그룹이 세계 최대 원자재 거래업체인 글렌코어-엑스트라타가 소유한 페루의 라스밤바스 구리광산지분을 58.5억 달러에 인수한 것으로 알려졌다.[23]

최근 한국 언론에 한 중국 관련 뉴스가 올라오면서 화제다. 중국에서 한국 삼성반도체 인력들에게 현재 연봉의 9배에 해당하는 금액을 주겠다는 스카우트 제의가 들어온다는 것이다. 이미 자동차

---

22) 전병서,『중국의 대전환 한국의 대기회』, 참돌, 2015.
23) KOTRA 글로벌윈도우, 중국의 한국 기업 인수합병 현황, 2014년 12월.

분야 및 IT분야 인력의 중국 유출이 심각해지고 있는 상황에서 반도체분야에 중국이 걸고 있는 기대 및 집중력을 느낄 수 있는 사례라고 보여지면서, 한편으로 공포감에 전율까지 느껴지는 상황이다. 현재 중국의 대외 수입 최대품목은 반도체를 포함한 전자부품으로써 예전 주요 수입품이던 원유에 비해 4배나 많은 규모로 수입하고 있다. 중국 경제 입장에서 반도체의 국산화가 반드시 필요한 상황이라고 볼 수밖에 없으니, 한국 반도체 인력의 스카우트가 간절할 수도 있을 것이다. 중국의 30년 고속성장의 패턴은 주로 미국, 독일, 일본의 기술을 거의 무상으로 베껴서 성장한 것이라고 해도 과언이 아닐 것이다. 그동안은 값싼 노동력을 제공하면서 기술을 유치했다면, 이제 4조 달러에 육박하는 외환보유고를 무기로 전 세계 기술과 인력을 블랙홀처럼 빨아들이고 있는 것이다. 얼마 전 KBS에서 방영된 다큐멘터리 '슈퍼차이나'에 출연한 중국 측 전자기술자가 해외기술 모방에 대해 너무도 당연한 것처럼 얘기하고, 중국 정부 내에서도 아직까지 특허권 등 저작권 인정에 대해 크게 대응하지 않는 모습 등은 중국 내 기술 흡수의 현재 모습을 보여준다. 중국 시장에 들어오려면 기술을 내놓으라는 떳떳한 모습은 우리가 긴장하지 않을 수 없는 이유다.

수천 년 중국의 역사를 볼 때, 중국을 점령했던 외부 민족은 지금 어떻게 되었는지 살펴볼 필요가 있을 것 같다. 대표적으로 중국 중원을 차지했던 몽고, 지금 나라가 반 이상 잘려 중국의 내몽고성이라는 이름으로 중국화되어 있고, 그 몽고 문화마저 중국의 소수민족 문화로 포장되어 중국 문화 속에 녹아내려 버렸다. 마지막으로 중국을 차지했던 청나라 만주족은 어떠한가? 지금은 중국 선양에 만주족 초기 궁궐터만이 만주족이 세운 금나라를 기억하고 있을 뿐 민족의 문화와 글씨까지도 거의 남아있지 않다. 다 중국 문화로 흡수 처리되어 흔적만 흐릿할 뿐인 것이다. 현재 랴오닝성(辽宁省, 요녕성)지역에 흩어져 있는 만주족은 중국화 전략에 흡수되어 신분증에 적힌 '만족'이라는 표시만이 조상의 흔적을 남겼을 뿐이다.

여담이지만 고구려 시절 광개토대왕이 중국 중원에 욕심을 내고 중원을 정복했다면 현재 우리에게 한글과 우리만의 문화가 온전히 남아있을지 궁금할 정도다. 모든 민족이나 문화, 사람 등이 중국에 빨려 들어가면 중국화 된다. 13억 명이 사용하는 말과 생활 속에 녹아 들어가면 그 흔적이나 남아날 수 있을까? 지금 중국이 전 세계를 대상으로 빨아들이고 있는 이러한 현상이 가볍게 볼 수 없는 현실인 이유일 것이다.

중국에 진출하지 말자는 의미가 아니다. 중국 시장을 포기하라는 의도는 더욱더 아니다. 중국의 대국화 과정에서 주변 국가의 기술과 인력을 끊임없이 빨아들이고 있는 상황을 충분히 인지한 상태에서 확고한 기술력과 브랜드, 철저한 준비가 선행되어야 한다는 것이다. 제조대국이었던 과거의 중국만을 생각한다거나, 일부 서방 언론의 과도한 우려 등에 휘둘리지 말고 중국의 현실을 정확히 보면서, 중국의 다음 행보를 예측하고 우리 기업들의 살길을 모색해야 할 것이다.

02

중국 전자상거래는
왜 그렇게 빨리 발전했나

2014년 9월 중국의 전자상거래 업체인 알리바바가 미국 증시에 상장하면서, 중국 전자상거래 산업에 대한 관심은 집중되었다. 상장 당시 알리바바의 시장가치는 2,314억 달러에 달할 정도였으며, 이는 미국뿐만 아니라 전 세계를 놀라게 하기에 충분했다. 현재 중국이 전 세계 GDP에서 차지하는 비율은 2013년 기준으로 12.3%에 달하고 있는데, 전 세계 전자상거래 시장 규모에서 중국이 차지하는 비율은 24%에 달한다.[24] 중국 경제 GDP 규모 전 세계 비율의 2배에 달하는 것으로 중국 경제에서 전자상거래 시장이 차지하는 위치를 짐작할 수 있을 것이다. 그러나 더욱 놀라운 것은 전자상거래 시장 규모 발전 추세인데, 2006년 전 세계 전자상거래시장의 1.2%에 불과하던 중국 전자상거래 규모가 2013년 1조8천억 달러를 넘으면서 24%까지 거의 수직 상승했다는 점이다.

---

24) 랑셴핑, 『중국 경제의 구제도와 신상태』, 동방출판사, 2015, 176p.

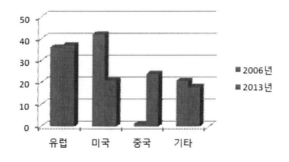

<2006년과 2013년 중 주요 국가 전자상거래 규모비중 추이>

도대체 무엇이 중국 전자상거래를 그렇게 빨리 발전시켰을까? 현재 중국에서 전자상거래를 이용하는 인구의 규모는 총인구의 30%라고 알려져 있는데, 이는 미국, 유럽지역 80%에 비하면 낮은 수준임에도 어떻게 그렇게 빨리 놀라운 성과를 낼 수 있었는지 놀라울 따름이다. 랑셴핑 교수는 이러한 현상에 대해 중국적인 특수성이 반영되었으며, 알리바바나 징동(京東) 같은 전자상거래 플랫폼과 물류가 도움이 되었다는 분석이다. 우선 서구지역 전자상거래 이용객은 주로 온라인으로 전자책과 프로그램 등을 주로 구입하는 반면, 중국 전자상거래 이용객은 의식주를 비롯하여 대부분 모든 제품을 온라인으로 구입한다.

이렇게 대부분의 공산품도 온라인으로 구매하는 이유는 크게 두 가지로 볼 수 있는데, 한 가지는 중국의 복잡한 유통구조다. 중국은 보통 5개의 유통과정을 거치는데, '공장-총대리상-성대리상-지역대리상-소매상'을 거쳐야 소비자 손에 물건이 도착하게 된다. 이러한 복잡한 유통과정은 단계마다 이윤이 붙어야 하고 결국은 소비자는 공장 생산 가격에 비해 매우 높은 비용을 지불할 수밖에 없는 것이다. 두 번째 이유는 중국의 무거운 세금 때문이다. 홍콩의 경우 17%의 이윤세만 내면 별도의 세금이 없는 반면, 중국은 15가지의 각종 세금이 단계별 대리상에게 부과되게 되므로, 최종 가격 부담이 소비자에게 전가되는 것이다.

전자상거래는 이러한 과도한 유통과정과 세금부담을 줄여, 오프라인 매장에 비해 혁신적인 가격차별정책이 가능하게 되었고, 이는 바로 소비자들의 선택으로 이어지게 되었다. 실제 최근 중국 시안지역의 대형 백화점 및 고급 상가 등은 손님의 발길이 드물고, 시안 최대 상권이라는 샤오차이의 대형 쇼핑몰도 인파는 많지만 대부분 7층 식당가에 모여들 뿐 실제 제품구매 실적은 매우 낮다고 유통담당자가 고백한 적이 있다. 여기에 최근 신창타이 시대를 맞이한 중국 경기의 하강 국면도 가격 부담이 적은 전자상거래로 집중되는 데 한몫했다고 보인다.

이러한 상황에서 알리바바는 전자상거래가 중국의 주요 산업으로 떠오르게 하는데 결정적인 역할을 했다. 알리바바의 역할은 무엇이었을까? 단순히 쇼핑몰 홈페이지만 만든다고 모든 이들이 전자상거래를 이용하지는 않았을 것이다. 알리바바는 바로 전자상거래가 활성화되기 위해 필요한 플랫폼을 전체적으로 계획하고 거대한 흐름을 유도했다고 볼 수 있다. 일단 알리바바는 중소기업의 제품공급을 위한 플랫폼을 만들었다. 소규모 기업이 창업해서 제품을 소비자에게 보내기까지 어려운 점은 첫째, 자금. 둘째, 판매처. 셋째, 신뢰도가 낮다는 점이다.

알리바바는 이 문제를 해결해주기 위해 첫째, 온라인 소규모 금융 서비스를 실시해서 총 64만 개 소상공인에게 1,722억 인민폐를 6.7%의 이자율로 지원해주었다. 중국의 은행이 주로 안전 위주의 대형 고객들을 상대하는 시기에 알리바바는 창업 초기기업에 소규모 온라인 금융을 지원해줌으로써 큰 혜택을 부여한 것이다. 둘째, 판매처가 부족한 소규모 영세상인에게 전자상거래 플랫폼을 제공하고, 여기에 핵심적인 물류시스템을 안정적으로 확충했다. 전 중국 배달 서비스의 54%는 알리바바와 관련이 있고, 이러한 시스템을 활용하여 베이징에서 광저우까지 길어도 3일이면 배송이 가능한 시스템을 구축한 것이다. 우리나라의 퀵서비스나 택배도 빠르다고 생각했지만, 중국 현지에서 필자가 경험한 속도는 불가사의할 정도로 빨랐다. 심지어 우리나라 돈 900원 정도 하는 물건의 배달을 요청해도 그 다음 날이면 배달이 되는 경우를 실제 경험했을 때 그 놀라움은 충격적이었다. 참고로 미국에서 서부지역의 물건을 동부지역으로 배달 요청했을 때 거의 일주일의 시간이 걸린다고 하니, 중국 물류시스템이 전자상거래 활성화에 큰 역할을 한 것은 틀림없어 보인다. 실제로 중국의 배달 서비스는 최근 5년간 43.5%나 성장했다. 셋째, 신뢰도의 문제는 즈푸바오(支付寶)라는 시스템을 통해 해결했다. 물건을 소비자가 구매하고 집행한 돈은 즈푸바오에 보관되며, 구매자가 만족했을 때 즈푸바오에 있던 돈이 판매자에게 가는 것이다. 2014년 즈푸바오를 통해 사용된 금액은 3조8천억 인민폐가 넘고, 이 수치는 중국 전체 판매액 수치의 6분의 1에 달하는 수치다.

여기에 물류 시스템의 현대화는 전자상거래에 성장에 불을 붙였는데, 징동이라는 전자상거래 업체는 물류시스템의 효율성과 정밀성을 강화하여 그 추세를 선도하는 데 큰 역할을 담당했다. 징동은 개별 거래마다 배송을 불러 연계하는 시스템을 택하지 않고 자체 창고 시스템을 구축하여 배송의 효율성을 극대화했다. 이를 통해 30% 정도 배송 관련 비용 절감 효과를 가져왔다고 말해지는데, 이는 정밀한 시장분석이 적용됨으로써 가능했던 일이다.

<징동 사이트 배송차량>　　　　　　<알리바바 대표 마윈>

징동은 온라인 판매 데이터를 분석하여 보통 소비자들이 온라인에서 상품을 확인한 뒤 3일 이내 구매 여부를 결정하고, 최종 구매로 이어지는 비율이 10% 정도라는 사실을 확인했다. 이러한 로직으로 주로 쇼핑몰 구매품목이 클릭되는 비율과 지역, 품목 등의 데이터를 근거로 전 중국에 1급 지역 창고 6개, 2급 지역 창고 18개, 3급 지역 창고 600여 개를 구축하여 제품 배송의 비율을 맞추며 최대한의 효율성을 끌어낸 것이다. 실제로 징동은 '211도착보증제도'를 운영하고 있는데, 당일 오전 11시 이전 신청된 물건은 당일 오후에 배송을 책임지고, 밤 11시 이전 구매 물건은 다음 날 오전 중에 배달하는 것을 보증하는 제도다. 현재 31개 거점에서 시행되고 있는 이 제도는 98%의 정확률을 보이고 있다고 한다.

이러한 시스템적 발전과 흐름을 보았을 때, 중국 소비시장 공략은 온라인을 배제하고 생각하기 어려우며, 한국 기업도 중국 내륙 시장 진출을 위해 전자상거래 유통을 반드시 계획 속에 추가하여 고민할 필요가 있을 것으로 생각된다.

실크로드 일대일로의 개념

2015년 초 중국에서는 두 가지 화제가 큰 이슈였다. 첫째는 중국의 중고속성장에 따른 '신창타이' 시대의 도래였고, 다른 하나는 2013년 9월에 시진핑 국가주석이 주창한 '실크로드 일대일로' 전략구상이었다. 실크로드 전략에 대해서는 중국 내에서 뿐만 아니라 해외에서 많은 연구가 진행되었고, 설명하는 내용도 워낙 방대하여 모두 다 언급될 수는 없지만, 그 중요성만큼은 현재와 미래의 중국을 이해하는 데 있어 필수적인 사항이라 우리 기업들이 알아야만 하는 내용을 간략하게나마 정리해보고자 한다. 주요한 공식 정보는 중국 정부 발표자료를 활용하고, 중국 학계에서 이해하는 실크로드 전략의 의미를 위주로 분석하였다.

일대일로는 2013년 9월 7일 시진핑 주석이 중앙아시아 순방길에 제시했던 '육상 실크로드 경제구역' 전략구상과 2013년 9월 3일 리커창 총리가 주창했던 '21세기 해상 실크로드' 개념을 합쳐서 만들어진 국가 전략적 개념으로서, 일대(一帶)는 육상 실크로드 경제벨트(帶)이고, 일로(一路)는 해상 실크로드(路)를 일컫는다.

이러한 개념이 제시된 역사적 근거를 찾아보면, 실크로드는 한나라 시절로 거슬러 올라간다. 북방 흉노의 계속되는 침략에 골치를 앓고 있던 한무제는 BC 139년 대월지(지금의 아프가니스탄)에 사신을 보내어 군사협력관계를 맺고 흉노를 제압하고자 했는데, 이때 파견되었던 사신이 장건(張騫)이었다. 장건은 100여 명의 수행원을 인솔하여 대월지까지 길을 개척하며 가게 되는데, 이때 장건이 다녀온 길이 나중에 비단(Silk) 무역루트로 개척되게 되면서 실크로드가 처음 발생하게 된 것이다.

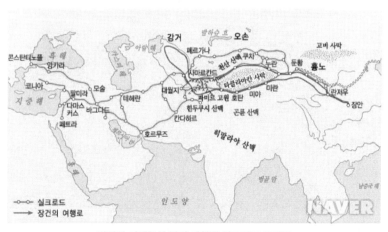

<장건의 여행로와 당시 개척된 실크로드 무역로>

장건이 대월지까지 길을 개척하면서, 흉노에 붙잡히기도 했고, 티베트족에게 붙잡히기도 하면서 돌아오기까지 13년이 걸리고, 결

국 대월지와의 동맹도 성사되지 못했지만, 그가 개척한 실크로드의 길과 경험, 자료는 매우 중요한 의미가 있었다. 이후, 서역에 관심을 갖기 시작한 한무제는 여러 차례의 군사적 진출노력을 통해 결국 BC60년 흉노족을 정벌하면서 진정한 실크로드 시장무역 루트를 개척하게 된다.

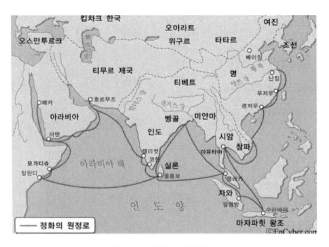

<명나라시대 정화의 해상 원정로>

육상 실크로드의 개척자가 장건이라면, 해상 실크로드의 개척자는 명나라 시대 정화(鄭和)였다. 중국의 콜럼버스라고 불리는 정화는 명나라 시절 무관으로 명나라 영락제의 명을 받아 해상 해외원정을 추진하게 되었는데, 그 정치적 배경은 명나라 내부 반대파 정치세력을 와해하고 명나라의 막강한 기세를 대외에 과시하기 위한 명분이었다. 이러한 정화의 해상 해외원정은 1405년부터 1433년까지 29년간 계속되었는데, 이때에 중국 남해항로와 인도양, 페르시

아만, 아프리카까지 진출해 중국 명나라의 문물을 소개하고 위용을 과시하였다. 이 시기 정화가 거느린 대선박의 규모는 길이 150m, 너비 60m의 상선 60척으로 이루어졌으며, 승무원만 2만 명이 넘었다고 한다.

실크로드 일대일로 전략은 이와 같은 역사적 배경을 가진 경제권역벨트를 현재 국제정세에 대입하여, 중국 경제의 새로운 신성장 동력으로 활용하겠다는 전략적 구상인데, 이는 향후 유럽과 아시아를 잇는 유라시아대륙의 전체적인 경제협력과 동반성장을 목적으로 거대하게 추진되고 있는 새로운 경제 질서 재편 움직임이라고 볼 수 있다.

중국 입장에서도 이러한 일대일로 전략은 현재 중국 경제의 과잉생산, 과도한 에너지의존도, 과다한 외환보유고 등의 어려움을 극복할 돌파구로써 활용할 유용한 대안이다. 중국의 '신창타이'가 과거 수출 및 투자형 발전모델에서 내수소비지향형 발전모델로의 변화를 목적으로 이루어지는 정책 방향이지만, 현재 중국의 경제 단계에서는 자체적 역량만으로는 이루어지기가 어려운 과제다. 이는 내수 소비능력이 전체적으로 공급에 부응하지 못하기 때문인데, 이에 대한 대안이 바로 실크로드 일대일로 전략인 셈이다. 구체적인 세부내용은 추가로 다루어지겠지만, 대외개방을 통한 교통물류연계사업으로 과잉생산물량을 해소하고, 에너지의 안정적인 공급망을 구축하면서, 과도하게 보유한 외환보유고는 아시아투자은행(AIIB)을 통해 서부 개발국가에 투자함으로써 더 나아가 인민폐 국제화를 이루겠다는 야심이다.

04

일대일로의 전략적 구상

2013년 9월 시진핑 국가주석과 리커창 총리가 일대일로 전략을 제시한 이후, 중국은 발 빠르게 이 거대한 전략을 추진해 나가고 있다. 시진핑 주석은 카자흐스탄, 키르기스스탄, 인도네시아, 독일, 몽고, 몰디브, 스리랑카, 인도 등 국가를 방문하여 '일대일로' 전략을 적극 홍보하면서 국제교역과 해상 합작분야 협력강화를 주문하고 있다. 또한 2014년 4월 13일 중국 외교부장 왕이(王毅)는 2014 보아오 아시아포럼에서 중국의 일대일로 전략을 전면적으로 설명하면서 국제적인 적극적 참여를 독려하였다. 그중 육상 실크로드 경제벨트에 대해 3개의 구체적인 노선도를 발표했는데, 제1선은 베이징-러시아-독일-북유럽, 제2선은 베이징-시안-우루무치-아프가니스탄-카자흐스탄-헝가리-파리, 제3선은 베이징-난창-파키스탄-이란-이라크-터키-이탈리아-스페인 노선이 그것이다. 지리적인 면을 감안할 때 상기 국가들은 유라시아대륙을 모두 아우르는 경제권으로 모두 무역방면에서 중국과 상호보완의 관계가 있는 국가들이다.

이러한 유라시아 태평양 경제권을 통합하는 경제무역벨트를 구축하려는 중국의 목적은 무엇일까? 우선은 중국 중서부와 동부연안도시의 국제무역상 이익을 노릴 수 있을 것이다. 그러나 더 심도 깊은 목적은 따로 있는 것으로 보이는데, 우선은 중국의 과잉 생산물량의 해소가 주된 이유다. 일반적인 산업국가의 적정한 생산능력 이용률은 85%를 상회해야 하지만, 중국은 현재 생산능력의 65% 이하만이 사용되고 있다.[25] 중국 입장에서 더욱 우려스러운 일은 주요 수출 국가 역시 미국과, 유럽, 일본으로 집중되어 있다는 점이다. 그러나 이러한 전통적 수출 대상 국가의 시장개척은 한계에 다다랐고, 심지어 미국의 경우에는 '제조업 회귀전략'이 추진되면서, 중국 제조업생산품의 설 자리가 점점 축소되고 있는 현실이다.

그러한 면에서 볼 때, 중국에서 생산되는 과잉생산품의 새로운 수요처가 필요한 상황이고 일대일로 전략에 연접해있는 국가들은 그러한 대상에 부합하는 것이다. 파키스탄, 방글라데시, 미얀마 등 일대일로 전략 연접국가들은 대부분 기초시설 및 인프라가 매우 낙후된 지역인 경우가 많아 중국이 가지고 있는 과잉생산품, 특히 시멘트 등의 수요가 풍부하고, 이러한 시설공사의 경험이 풍부한 중국이 시멘트뿐만 아니라 시공까지 제공해준다면 중국이 새로운 수출효자 품목이 될 것이기 때문이다. 그동안 저렴한 노동력으로 아이폰 등을 수출하며 낮은 부가가치를 올리던 수출구조를 고부가가치로 돌릴 수도 있는 기회이기도 하다. 이러한 전략적 추진은 장

---

25) 랑셴핑, 『중국 경제의 구제도와 신상태』, 동방출판사, 2015.

기적으로 중국에 있어서 관련 국가와의 양호한 관계유지와 상호이익 발전모델 구축이라는 두 마리 토끼를 잡을 수 있는 묘수라고 할 수 있다.

이러한 일대일로 전략은 중국 내륙발전에도 기회가 된다. 육상 실크로드 경제벨트의 주요 관련 도시는 산시성, 간쑤성, 칭하이성, 닝샤후이족자치구, 신장자치구 등인데, 이들 지역은 현재 중국 서북지역에 위치해 있으며, 연해지역에 비해 발전속도가 뒤처진 내륙 도시들이다. 향후 실크로드 전략적 추진이 진행되면서 이 지역에 개통될 고속철도, 도로, 항공, 물류 인프라들은 이 지역의 낙후된 산업을 활성화 시킬 수 있을 것이고, 중국의 현재 고질적인 연해지역과의 소득 격차 문제도 점진적으로 개선될 수 있다는 계산이다.

동남아시아, 중동, 아프리카를 잇는 '해상 실크로드' 역시 중국으로서는 빼놓을 수 없는 전략적 가치가 있는 지역이다. 무엇보다 중국의 안정적인 에너지자원 확보를 위한 해상운수통로로써의 가치가 높기 때문인데, 현실적으로 '해상 실크로드' 전략은 추진이 쉽지만은 않은 것으로 보인다. 미국의 아시아 회귀전략과 TPP 협정을 활용한 견제가 만만치 않기 때문이다. 실제로 현재 중국과 미국은 남중국해 영유권 문제에 대해 긴장 관계를 유지하면서 세력대결을 이어가고 있는 상황이다.

05

실크로드 경제벨트권역 운송물류 인프라

　일대일로 전략은 기본적으로 중국의 연접국가들과의 상호협력 강화를 통한 경제권 일체화 전략이다. 특히 실크로드경제벨트 전략의 추진을 위해서는 국가 간 육상물류운송 네트워크가 선행되어야 하고, 서쪽 방향으로 물류네트워크가 확충되기 위해서는 당연히 산시성과 신장자치구 등에 교통인프라가 건설되어야 한다. 실제로 서부지역 주요 도시에는 철도교통물류 인프라가 빠른 속도로 건설되고 있고, 산시성 시안시 역시 란주, 우루무치까지 이어지는 고속철도가 2017년까지 완공을 목표로 건설되고 있다. 시안에서는 이미 15일 만에 유럽까지 도달하는 '장안호(長安號)' 열차를 운행하고 있으며, 충칭에서는 위신어우(渝新歐)를 개통하여 폴란드를 거쳐 독일까지 왕복화물열차를 운행하고 있다. 충칭의 유신호는 충칭에서 생산되는 노트북 등 IT제품을 주로 유럽에 수출하는 데 활용되고 있었으나, 편도로만 활용되는 한계가 있었다. 그러나 2014

년 6월 충칭시 발표에 따르면 폴란드에서부터 돌아오는 열차도 만차(滿車)로 왕복 모두 만차로 운행되는 성과를 이루면서, 실질적인 유럽행 물류운송수단으로 자리매김하게 된 것이다.

<충칭의 위신어우 열차>　　　　　<시안의 장안호 열차>

그러나 육상 운송 인프라는 중국만 건설한다고 해결되는 것이 아니다. 이에 중국 정부에서는 파키스탄, 방글라데시, 미얀마 등 기초시설 인프라가 낙후된 국가 철도 인프라 개선에도 적극 지원을 추진하고 있다. 물론 이러한 자금은 보조지원방식도 추진하겠지만 대부분은 아시아투자은행(AIIB)을 통한 융자형태로 개발을 지원하게 될 것이고, 이러한 철도 인프라 건설을 중국의 고속철도 회사가 맡게 될 가능성이 매우 높다. 이러한 전략적 사업추진모델의 효과는 자금융자도 중국에서 지원하고, 그 건설 인프라 수주를 통해 융자로 지원한 자금을 다시 중국이 회수해 오면서, 인민폐 역시 국제거래에 활성화시키는, 그야말로 신의 한 수가 되는 것이다.

실제로 2014년 5월 12일 중국 교통운수부는 투르크메니스탄 경제발전부와 교통운수분야에 합작의향서를 체결하면서 자금융자지원에 대해 합의하였으며, 2014년 11월에는 파키스탄 총리의 중국 방문 시 300억 달러의 교통운수분야 기초설비투자프로젝트에 서명하였다. 2014년 11월 4일 중앙재경영도소조회의에 참석한 시진핑 주석은 실크로드 전략과 관련한 성공적인 모델을 강력히 주문하면서, 인접 국가들의 교통, 전력, 통신분야의 건설계획을 적극 지원하여 상호발전프로젝트를 강화하라고 지시했다. 중국의 흥업증권(興業證券)의 자료에 따르면 아시아태평양지역 미래 10년간 기초시설투자 수요는 8조 달러로 추정[26]된다고 하면서 과잉생산력으로 고심하고 있는 중국에 희소식이라고 밝혔다. 중국의 계획대로라면 실제로 중국 내 과잉생산되고 있는 시멘트의 소비처는 확실히 확보하게 되고, 이를 통한 지역경제발전 및 취업 확대 등을 통해 중국 내륙 소득수준 향상을 이루게 되어 시진핑 주석이 주창하는 '중국의 꿈(中國夢)'이 현실이 될 수도 있을 것이다.

중국은 철도 인프라 건설에 강점을 가지고 있다. 고속열차 자체 기술력은 미국과 유럽이 아직까지는 선진화되어 있을지 모르지만, 철도산업의 핵심은 열차가 아니고 철도다. 중국은 이미 전 세계 1위의 철도를 보유하고 있고 시공한 경험을 가지고 있다. 철도 시공단가도 선진국에 70% 이내로 경쟁력을 가지고 있다. 이러한 여건을 감안할 때 실크로드 경제벨트의 철도 인프라를 중국이 수주할 가능성은 매우 높을 수밖에 없고, 한국의 기술력이 침투할 수 있는 여지도 많지 않아 보인다. 유럽까지 위신어우호를 개통하여 운영하는 충칭의 사례를 보면 중국의 철도산업 경쟁력이 느껴질 수

---

26) 랑셴핑, 『중국 경제의 구제도와 신상태』, 동방출판사, 2015, 184p.

도 있겠다. 충칭에서 출발하는 위신어우호는 폴란드까지 11,178㎞의 철도운송을 담당하는데, 충칭시는 이러한 철도운송시스템을 건설하기 위해 2010년도부터 철도가 관통하는 각 국가와 끊임없는 협상을 진행하였으며, 이러한 노력을 통해 40피트 컨테이너의 운송비용을 11,000달러에서 6,000달러까지 인하하였다. 우선 화물운송시스템을 통일하고, 통관 및 검사를 1회로 완화하여 운송 과정상 비용을 절감했다. 아울리 중국과 카자흐스탄, 러시아, 독일이 합작하여 신규물류회사를 설립하였고, 각 국가별 철도폭 규격문제 등 걸림돌이 되는 문제를 국가별로 주도적으로 해결함으로써 운송비용을 감소시키는 효과를 거두었다. 그리고 마지막으로 유럽에서 돌아오는 열차 화물도 만차를 이루어냄으로써 결과적으로 운송비용을 획기적으로 감소시키는 결과를 가져온 것이다. 이러한 화물 운수비용의 단가 인하는 항공물류와 해운물류대비 가격 경쟁력을 더욱 강화시켜 중국 내륙 운송교통시스템의 강점으로 작용할 전망이다.

<충칭 위신어우 열차 노선도>

그런데, 최근에 이러한 실크로드 경제벨트 전략을 빌미로 서북지역 주요 도시들이 교통 인프라 구축과 관계없는 건설 프로젝트를 시도하는 추세다.

대표적으로 필자가 근무했던 시안에서는 철도, 도로 인프라 건설과 별도로 자유무역구 설치를 추진하면서 대규모 공장단지 건설을 추진하고 있고, 함양신구지역에는 '한국중소기업전용산업단지'를 건설하여 외자기업 투자유치에 열을 올리고 있는 상황이다. 닝샤후이족자치구도 실크로드 경제벨트을 이유로 대규모 기업투자 유치 및 인프라 건설에 나선 입장이고, 신장 우루무치에서도 중장비 차량 생산기지 건설을 추진 중이다. 향후 실크로드 경제벨트 완성 이후 주요 거점도시가 되기 위한 인프라 건설개념이기도 하지만, 아직까지는 지역 내 GDP 성장을 목표로 한 건설산업 활성화 움직임으로밖에 보이지 않는다. 이렇게 판단하는 이유는 아직까지 중국 서부내륙지역까지 그 많은 산업단지 수요를 충족할 기업들이 들어올 계획이 보이지 않고, 실제로 대부분 기존의 산업단지나 오피스 빌딩들이 비어있는 상황이기 때문이다. 지방정부 차원에서는 이러한 중앙정부 정책 추세를 빌려 자기 지역의 경제발전에 유리한 투자를 유치하고, 혜택을 빠르게 향유하고 싶은 욕구를 버릴 수 없는지도 모르겠다.

일대일로 전략과 에너지 산업

실크로드 일대일로 전략은 중국의 안정적인 에너지자원 확보 차원에서도 매우 중요한 의미를 갖는다. 앞서 언급한 바와 같이 '21세기 해상 실크로드' 전략의 중요한 목적도 아프리카와 중동지역의 에너지자원을 안전하게 공급받을 수 있는 루트를 확보하기 위한 것이었으며, 육상 실크로드 경제벨트 역시 중앙아시아지역의 거대한 에너지자원 확보가 주요한 목적 중 하나다.

중국은 이미 전 세계 에너지 수요의 큰 부분을 차지하고 있는 국가이며, 향후에도 에너지 수요는 더욱 증가할 것으로 전망된다. IEA의 예측에 따르면, 2040년에는 전 세계 에너지 수요의 60%가 아시아에서 발생할 것이라고 하며, 엑슨모빌의 분석에 의하면, 2040년까지 전 세계에너지 수요 증가의 50%는 중국과 인도에서 비롯될 것이라고 밝혔다.[27]

---

27) 朱跃中, 依托 "一带一路" 深化国际能源合作, 중국 시안 일대일로 세미나 발표자료, 2015.

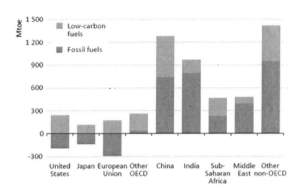

Demand by Region
Quadrillion BTUs

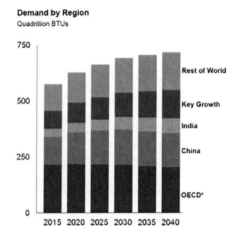

<전 세계적 에너지 수요 현황>

실제로 중국의 에너지 수요는 성장 폭이 다소 둔화되기는 했지만 계속 상승 추세를 유지하고 있고, 에너지 소비량은 2000년 석탄 기준 15억 톤에서 2013년 37.5억 톤으로 2배 이상 증가한 상황이다.[28]

---

28) 중국 국가발전개혁위원회 에너지연구소, 중국 시안 일대일로 세미나 발표자료, 2015.

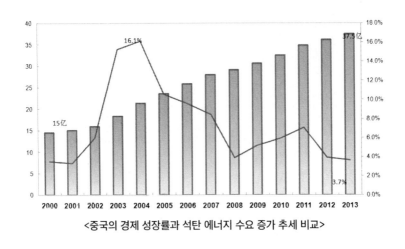

<중국의 경제 성장률과 석탄 에너지 수요 증가 추세 비교>

　이러한 위기의식에 따라, 2014년 9월 2일 제11차 APEC 에너지 자원부장 회의에서 중국에너지자원국 우신슝(吳新雄) 국장은 아시아태평양지역 에너지자원의 안전한 공급과 가격 유지를 위한 적극적인 협력 합작 시스템이 필요하다는 점을 적극 강조하고 나섰다. 이런 상황 속에 중국이 실크로드 경제벨트 전략을 통해 러시아, 카자흐스탄 등 에너지자원 부국과 에너지 협력관계를 강화하려는 의도는 당연해 보인다. 대표적인 협력사업이 도로망 확충과 원유 송유관 건설 등의 프로젝트다. 몇 개의 주요 프로젝트를 살펴보면 우선 카자흐스탄과 2,800㎞에 달하는 송유관 건설을 합작 추진했는데, 수송 능력은 1년에 2,000만 톤에 달한다. 또한 중국과 중앙아시아 간에 합작을 통해 천연가스 공급관 4라인을 건설했다. 이는 연간 850억㎥(입방미터)의 규모에 달한다고 한다. 러시아와의 에너지자원 합작 추진은 보다 확대되고 있는 추세로, 2014년 5월 러시아 천연가스공사와 계약을 통해 연간 380억㎥를 공급받기로 했

고, 같은 해 11월에는 추가적인 합작을 통해 향후 30년간 매년 300억㎥의 천연가스를 공급받는 계약을 추진했다. 이러한 에너지 자원 확보 노력은 실크로드 경제벨트 전략에 따른 주변국과의 호혜주의 원칙 속에 합작을 추진해 나감으로써 가능했던 일이며, 중국 경제의 안정적인 장기 발전 모델이 되고 있다.

일대일로와 인민폐 국제화 전략

일대일로는 단순히 바라보면, 인접 국가 간 사회 인프라 구축과 에너지자원 확보를 위한 개방형 협력관계 강화전략으로만 볼 수도 있다. 그러나 세계 강국으로 굴기하고 있는 중국의 속내는 더 나아가 자국의 화폐를 국제화하려는 목적도 가지고 있다. 미국에 입장에서는 달갑지 않은 전략일 수밖에 없지만, 전 세계 124개국과 세계최대 무역량을 가지고 있는 중국 입장에서도 무역거래를 달러에 의지할 수밖에 없는 현실이 자국 경제 발전에 한계로 다가올 수밖에 없었을 것이다. 그러한 면에서 중국은 계속 인민폐 국제화를 위해 노력하고 있고, 실제로 2010년에는 러시아와 상호 상대방 국가의 화폐로 결제하는 것에 대해 합의하였고, 2014년 독일과도 인민폐 결제시스템 사용에 합의하였다. 중국은 더 나아가 일대일로 전략의 활용을 통한 인민폐 국제화 전략을 추진하고 있는데 랑셴핑 교수는 이를 '중국판 마셜 플랜'이라고 부르고 있다.

마셜 플랜은 제2차 세계대전 이후 유럽 독일과 프랑스지역 산업이 파괴되면서 어려움을 겪고 있는 상황 속에 미국이 달러로 원조를 해주면서 미국의 과잉생산능력을 해결하고 미국 달러의 국제적 통제권을 가져가게 된 역사적 사례이다. 미국의 달러를 융자받은 유럽은 그 달러를 이용해 미국의 과잉생산된 물자를 구입하게 되고, 미국은 융자로 지원한 달러를 고스란히 회수하면서 유럽에 대해서 대규모 채권국가 지위를 이용해 달러화 국제통제권을 가져가게 된 것이다.

그렇다면 중국판 마셜 플랜은 어떤 것일까? 그 답은 아시아투자은행(AIIB)에 있다. 한국도 막차를 타듯 참가한 아시아투자은행은 중국이 최대 지분을 가지고 운영되는 일대일로 관련 기금이다. 주요참가국가의 면모를 보면 방글라데시, 인도, 카자흐스탄, 말레이시아, 몽고, 파키스탄, 카타르, 우즈베키스탄 등 모두 중국과 인접한 일대일로 전략 관련 지역 국가이고, 모두 미국과 그리 친하지 않다는 공통점도 있다. 이러한 면에 있어서 한국의 입장 정리는 매우 민감하고 조심스러운 면이 있지만, 유라시아 이니셔티브를 주창하고 있는 한국의 입장에서 거대한 아시아 발전 플랜에 참여하지 않을 수는 없는 현실이 있었을 것이다. 아시아투자은행의 기금 규모는 1,000억 달러로 주로 아시아태평양지역 국가의 인프라 구축에 활용될 것으로 보이는데, 주로 철도건설이 주를 이룰 것이다. 그런데 이 철도 건설프로젝트에 있어 철도건설 경험면이나, 건설비용면에서 중국은 매우 높은 경쟁력을 가지고 있다. 결국 중국이 주도한 아시아투자은행에서 주변 국가에 융자하여 인프라를 건설하는데, 결국 건설 수주는 중국철도회사가 받게 될 가능성이 높다. 현재까지 그다음 단계는 아직 언급될 시기는 아니지만, 중국의 국제경제상에 인민폐 국제화와 화폐통제권을 가지려는 노력은 계속되어 질 것으로 보인다.

지금의 중국 상황은 제2차 세계대전 이후 미국의 상황과 상당히 유사하다. 중국 내부적으로 과잉생산이 문제가 되고 있고, 외환보유고도 풍부하다. 그리고 주변 국가의 개발수요도 풍부하여 아시아개발은행 자료에 따르면, 2020년까지 아시아지역 기초시설 건설 수요는 매년 7,300억 달러에 달한다고 한다.

물론, 이러한 인민폐 국제화가 계획처럼 쉽지는 않을 것이다. 미국의 아시아 회귀전략으로 아시아 국가에 대한 관심을 강화하고 있고, 중국을 배제한 TPP라는 경제협력체를 구축하여 중국을 포위하는 전략을 추진하고 있기 때문에 이것은 세계적인 국제질서 개념에서 다시 살펴볼 필요가 있다.

일대일로 전략과 한국

이미 살펴본 바와 같이 실크로드 일대일로 전략은 중국에서 바라봤을 때 서쪽 지향적인 개발계획이어서 한국과는 얼핏 관련이 없는 프로젝트로 이해될 수도 있다. 그러나 우리도 박근혜 대통령께서 주창하신 '유라시아 이니셔티브' 개념이 실크로드 전략과 큰 틀에서 차이가 없고, 중국 입장에서도 해양 세력으로 대표되는 미국 세력과 대치를 피하기 위해 서진 전략을 내세웠지만, 기본적으로는 아시아 주변국과의 공생 협력방안을 강구한 전략이기 때문에 한국과의 경제 협력에 걸림돌이 되지는 않을 전망이다.

그러한 면에서 우리나라도 중국이 새로 판을 짜고 있는 국제협력 관계 플랫폼에서 나름대로의 국가 이익 차원의 접근이 필요하고, 경제협력이 가능한 분야에 있어서는 적극적인 참여도 필요하다.

이에 대해 동아대학교 원동욱 교수는 한국이 중국 실크로드 전략의 6대 회랑(중국-몽골-러시아 경제회랑/신유라시아대륙교(TCR) 경제회랑/

중국-중앙아시아-서아시아 경제회랑/중국-중남반도(인도차이나) 경제회랑/중국-파키스탄 경제회랑/방글라데시-중국-인도-파키스탄 경제회랑)에 포함되지는 않았지만, 주도적으로 동북아 경제회랑을 주장하여 러시아, 중국, 북한, 한국이 함께하는 경제협력 모델을 개발해야 한다고 제안하고 있다.[29] 물론 북한의 동의와 협력관계 구축이 선행되어야 하는 한계가 있지만 북한의 동의를 통해 합의가 가능하게만 된다면, 동북아시아의 새로운 경제도약기회로 작용할 수 있을 것이다.

또한 많은 학자와 경제계에서 주장하듯이 AIIB에 참여한 한국의 몫을 강력하게 요구해야 한다. 아시아투자은행은 여러 아시아 국가가 공동으로 지역개발을 추진하자는 취지의 기금이고, 또한 중국 역시 대외적으로는 중국 독자적인 운영을 하지 않겠다는 입장을 견지한 상황에서 동남아시아 철도개발 프로젝트나 중앙아시아 개발프로젝트에 한국의 지분대로 참여할 수 있도록 정부 차원의 적극적인 노력이 필요할 것으로 보인다.

마지막으로 중국 서부지역 인프라 개발사업에 참여 기회를 노려야 할 것이다. 현지에서 느끼는 바에 따르면, 중국 내륙에서 철도건설 등 사회간접 인프라 건설에 외자기업에 참가하는 데는 절대적인 한계가 있다. 중국 기업에 비해 낮은 가격경쟁력도 이유가 되겠지만, 중국 내 국산기업 활용 의지와 내부관계망 속 침투의 어려움도 한국 기업이 사업에 참여하지 못하는 큰 이유다. 그러나 중국의 서부 대개발 및 실크로드 프로젝트는 한곳에서 이루어지는 국

---

29) 원동욱, 일대일로와 유라시아 이니셔티브 협력방안, 중국 시안 일대일로 세미나 발표자료, 2015.

지적인 사업이 아니다. 내륙 깊숙이 지방도시에서는 아직도 외자기업의 프로젝트 투자를 기다리고 있는 사례가 있다. 기업과 정부가 합심하여 끊임없이 인프라 건설 참여에 노력한다면 전혀 불가능한 일도 아닐 것이다.

중국의 실크로드 일대일로 전략의 거대한 계획 이면에는 리스크와 한계도 존재한다. 우선 미국과 일본의 우호적이지 않은 시선이다. 중국의 굴기에 위기감을 느끼는 미국의 견제는 중국의 전략에 걸림돌이 될 수도 있기 때문이다. 두 번째는 주변 국가들의 우려이다. 중국이 경제지원을 빌미로 경제 주도권을 휘두르고 대외확장 정책으로 이어지지 않을까 하는 걱정 때문이다. 세 번째로는 실크로드 경제벨트 지역 내에 극단주의, 민족주의가 극렬한 중동 리스크가 포함되어 있다. 전 세계가 반테러리즘과 대항하는 현시점에서 관련 지역경제 협력은 조심스러울 수밖에 없기 때문이다.

그러나 이러한 리스크와 한계에도 불구하고, 실크로드 일대일로 전략은 아시아 태평양의 경제 질서와 국제균형을 다시 조정하는 거대한 흐름이고, 우리나라도 벗어날 수 없는 중요한 위치의 국가이다. 경제와 관련된 외에도 지정학적으로 역사적으로 우리나라가 관심을 가지고 적극 대응해야 하는 이유다.

제6장

중국 서부내륙시장
어떻게 진출할 것인가

중국 서부내륙에서
한국 중소기업 상품 팔기

중국 신창타이 시대의 도래에 따라 중국의 수출이 급감하고, 중국에 대한 대외경제 의존도가 높았던 한국 경제는 덩달아 침체의 늪에서 벗어나기 어려운 형세가 이어지고 있다. 서방 언론들은 중국 경제의 급추락을 경계하는 메시지로 도배하다시피 하고 심지어, 조지 소로스를 필두로 한 국제투기세력들은 위안화 절하에 몰빵을 하듯 투기하며 중국 경제하락을 부채질하고 있다. 물론 중국의 경제가 경착륙할지, 아니면 중국 정부의 주장대로 성공적인 내부 구조조정을 통해 제2의 성장 도약기를 맞이할지는 두고 볼 일이지만, 문제는 한국 경제다. 이렇다 할 천연자원 없이 가공무역을 통한 수출이 국가 경제의 주요근간을 차지하는 우리 입장에서 중국 수출경기둔화와 세계 경제 침체는 치명타가 아닐 수 없다. 더군다나 우리의 중간재 수출품목을 대부분 소비해주던 중국 경제의 침체와 수출감소는 뼈 아픈 것이 현실이다.

2016년 초부터 한국 수출감소로 언론에서는 곧 나라가 망할 듯이 연일 포털 메인화면을 도배하고 있고, 정부에서는 중소기업의 수출을 독려하는 계획수립과 예산편성에 집중하는 모습이다. 수출감소의 대부분 이유는 중국 경제의 침체로 중간재 수출의 축소와 핸드폰, 자동차 등 대기업 제품의 대외경쟁력 감소로 나타난 것인데, 중소기업의 해외 수출을 독려하여 수출경기를 회복해보겠다는 것이다. 대표적인 것이 중국 내수시장 공략 정책이다.

중국 내수시장 공략. 물론 방향성은 맞다고 보여진다. 중국중앙정부의 정책 자체가 가공무역 수출에 의존하던 중국 경제 성장틀을 구조조정하여 중국 내수 소비 부양을 통한 경제성장으로 이끌어가겠다는 방향이니, 우리 역시 중국을 생산공장으로 바라보던 시각을 버리고 중국 내수시장을 개척하여 한국의 수출성장동력을 중국의 성장틀에 맞추어 어려운 경제 상황을 타개해 나가겠다는 생각이니, 방향은 옳다고 볼 수 있다.

그러나 문제는 한국 기업들이나 정부, 언론까지 중국 시장을 너무 가볍게 생각한다는 점이다. 그리고 한국 제품에 대한 근거 없는 자긍심도 참 해결 곤란한 문제점이다. 다행히 아직까지 화장품과 의류, 일부 전자제품에서 한국 제품이 중국에서 좋은 이미지를 가지고 있으나, 그 외에 품목 및 제품들에 있어서 한국 제품은 중국 내에서 경쟁력을 가지기 쉽지 않은 게 현실이다.

필자가 시안 중소기업지원센터에서 근무하는 시기에 한국 중소기업제품의 중국 내수시장개척 전시회 및 상담회를 여러 차례 진행해보고, 한국의 좋은 중소기업제품을 중국 바이어에게 수차례

접촉해 수출로 연계해보려는 노력을 해보았지만, 중국 바이어의 반응은 한결같았다. 가격이 비싸거나 중국에서 생산되는 제품에 비해 경쟁력이 없다는 것이다. 물론 일부 한류스타 홍보를 활용한 대기업 화장품, 전기밥솥 등 제품은 중국에서도 잘 팔린다. 그러나 그건 어디까지나 일부 중견 대기업 제품이지 중소기업의 제품은 아니다(그나마도 점차 경쟁력을 잃어가고 있다).

우리가 수출하라고 독려하면서 밖으로 떠다미는 세품은 중소기업의 제품이고, 중소기업의 제품은 품질이나, A/S, 인지도면에서 한계를 가질 수밖에 없다. 결정적으로 중국은 이미 세계의 공장이 되어 있다. 한국 제품 중 다행히도 참신한 아이디어와 품질로 입소문이라도 나면 바로 광둥성에서 1/4 가격으로 생산되어 '타오바오'에 떠다닌다. 짝퉁이라도 나오는 제품은 그나마 브랜드 인지도라도 얻을 수 있으니 차라리 나을 수 있지만, 대부분의 중소기업 제품은 이름도 알리지 못하고 아이디어만 도용당하거나 시장을 찾지 못해 조용히 묻혀버리는 경우가 대다수다.

시안의 경우는 조금 더 특별하다. 서북내륙지역의 중점도시인 시안은 역사적인 중요성 만큼이나 서북지역의 대표도시로의 시장 위치를 점하고 있다. 중앙정부의 인건비 상승 정책으로 계속 소비 구매력은 증가하고 있으며 실제로 소비구매지수도 꾸준히 상승하고 있는 대표적인 중국 내륙 소비도시 중 하나다. 그러나 한국 제품 특히 중소기업 제품은 시장 개척의 활로가 보이지 않을 만큼 공략이 어렵다. 이 지역이 내륙지역이고 해외제품을 많이 접해보지 못했다고 해서 무턱대고 한국 제품을 구매하지는 않는다.

시안도 중국 대부분의 도시와 마찬가지로 여자들의 소비력이 강하고 중요한데, 주변에 만나본 구매력 있는 시안 여자들도 절대로 소비를 헛되게 하지 않고 꼼꼼하게 따져가며 철저히 비교 분석하여 소비하는 성향이 있다. 한국 제품을 구매한다면 중국 제품보다 분명한 경쟁력이 있어야 하고, 그러한 한국 제품이라도 최대한 싸게 구매할 수 있는 유통경로를 끊임없이 탐색한다. 온라인 전자상거래는 이를 가능하게 만들었고, 중국 중앙정부에서는 심지어 한국 화장품 등을 면세로 싸게 구매할 수 있도록 중국 주요 소비거점도시에 '전자상거래 보세구역'을 설치하고 '인터넷+α' 정책을 기반으로 유통을 지원하고 있다.

중국 내 유통은 어떠한가. 한국 제품이 수출되어 중국 소비자의 눈앞에 진열되기까지는 정말 많은 우여곡절을 겪어야 한다. 일단 한국에서 제품이 중국세관을 통과하기 위해서는 관세를 내야 하고, 중국이 요구하는 다양한 비관세장벽, 인증을 받아야 한다. 대부분 알다시피 화장품 관련 인증은 품목별로 6개월에서 1년이 소요되고, 민감한 품목군의 경우에는 시기를 장담할 수 없다. 세관을 통과했다고 바로 대형마트 매장에 들어갈 수 있는 것이 아니다. 중국 유통 대리상에게 제품을 어필해야 하고 대리상은 적지 않은 마진을 떼고 대형마트에 납품하게 된다. 대형마트에 제품이 들어갔다고 끝나는 것도 아니다. 대형마트에서 요구하는 대량의 재고를 계속 맞추어놔야 하고, 대형마트에서 요구하는 판촉 이벤트 행사에 참가해야 하고 그렇게 어렵게 팔린 물건에서는 또 30%가 넘는 마진을 떼어 간다. 결국 한국 중소기업이 받을 수 있는 수익은 판매

액의 1/3이 안 될 수도 있다. 제품 1~2박스 팔아선 이익이 남을 수 없는 구조이며, 그렇다고 대량의 제품을 한 번에 보낼 수 있는 역량이 중소기업에게는 없다. 이게 한국 중소기업이 중국 내 유통시장에서 힘겨운 투쟁을 해도 쉽사리 자리 잡지 못하는 현실인 것이다.

중국이 내수소비시장을 확대하고 있다고 해서, 중국 대륙이 크다고 해서 중국 내수시장개척의 가능성이 높다는 의미는 아닐 것이다. 중국인에게 젓가락 한 개만 팔아도 13억 개라는 계산은 절대 통하지 않는다. 이렇게 복잡하고 쉽지 않은 생존경쟁의 시장 전쟁터에 한국 중소기업을 맨손으로 진출하라고 독려하는 것은 중국 기업 및 경제에 다 털리고 오라는 말밖에 되지 않는다.

그렇지만 우리는 중국 시장을 포기할 수 없다. 물론 어렵다. 하지만 어렵기 때문에 시장에 안착만 하면 누구 말대로 바로 대박이 될 수도 있는 것이다. 필자는 여기서 중국 시장에 조심스럽게 접근한다는 전제하에 세 가지 대안을 제시하고자 한다.

첫째는 창의적인 기술개발이다. 기술력이 바탕이 되지 않는 제품은 중국에서 이미 경쟁력이 없다고 보면 답이다. 중국에 진출하기도 전에 이미 한국 시장을 탐색하는 조선족 수입상들에 의해 탐색되어 바로 짝퉁이 나온다고 보면 되기 때문이다. 한국이 일본에 비해 부품소재기술이 부족한 것이 어려움이 될 수는 있지만, 중국 젊은층은 한국보다 심하게 주입식 교육을 받은 세대다. 창조적인 생각이나 자유로운 사상은 중국의 청년에 비해 한국이 월등히 앞선다. 실제로 중국 대학생들의 경우 중국 정부의 출판규제 및 정보차단으로 다양한 생각과 창의적인 경험을 하지 못하는 경우가 많다. 한국인의 독창적인 아이디어와 창조적 기술개발 노력으로 창의적 제품 아이템을 계속 공급한다면 한국 제품의 우수성을 다시 회복하고 중국 시장에 판로를 만들어 낼 수 있으리라 믿는다.

둘째는 중국인 네트워크를 활용한 중국 유통시장 공략이다. 이것은 대부분이 하고 있다고 생각할지도 모르겠지만, 실제 전시회 등에서 만나는 브로커 및 대리상들이 얼마나 우리 기업을 위해서 제품을 팔아줄 것이라고 생각하는가? 거의 대부분은 제품을 빼돌려 시장에서 가능성을 보다가 자체 생산으로 돌려버리는 경우가 대부분일 것이다. 필자가 말하는 중국인 네트워크 파트너는 중국인 브로커 내지는 대리상을 언급하는 것이 아니다. 그렇다고 중국 현지의 한국인이나 조선족은 더욱 아니다. 오히려 경험상 더 위험할 수 있으니, 중국 현지에서 중소기업 제품을 판매해주겠다고 하는 한국인과 조선족은 주의하거나 잘 판단하는 것이 필요하다. 필자가 얘기하는 중국인 네트워크는 중국 내에서 정식으로 유통을 운영하는 도매상인으로서, 초기에는 알 수 없지만 1년 이상 가벼운 거래 및 관계유지로 탐색이 필요하다. 이러한 탐색 후 서로가 신뢰가 생겼을 때 서로에게 이익이 되는 방향으로 사업방향을 고민하고 중국 현지 유통개척을 중국인 네트워크에 의뢰하여 판매하는 것이다. 이때 중국 파트너 측의 이익은 최대한 보장해주어야 하며, 어디까지나 이익 위에서 움직이는 것이 중국 상인이라는 점을 기억해야 한다.

마지막으로, 중국 내 떠오르고 있는 O2O 마케팅에 적극 편입하는 것이다. 현재 중국 내 전자상거래 시장 규모는 폭발적인 성장을 이어가고 있고, 그 반대급부로 오프라인 백화점이나 상가는 점점 활기를 잃어가고 있다. 중국의 거대 유통그룹인 '완커'에서 2015년 적지 않은 백화점과 대형마트를 접었다는 점은 시사하는 바가 크다. 실제로 시안에서도 대부분의 백화점에는 손님보다 매장직원이 더 많으며, 시안에서 제일 유동인구가 많은 '샤오차이'에 SEGA라는 쇼핑상가에도 식당가에만 사람이 몰릴 뿐 제품 판매코너는 한산한 모습이 대부분이다. 이와 반대로 중국의 스마트폰 보급증대로 인해 앱을 이용한 다양한 O2O 서비스는 계속 증가하고 있는 모습이다. 의심이 많은 중국인들이 온라인으로 돈을 보내고 결제하는 데에 이렇듯 빨리 적응할 줄은 누구도 예상하지 못했지만 그게 지금 현실이다. 쯔부바오와 위챗머니는 젊은 소비층들의 소비구조 자체를 크게 바꾸어 놓았고, 그 추세에 빨리 편승한 각종 비즈니스 앱(타오바오, 띠띠따처, 어러머 등)가 소위 말하는 대박을 치고 있다. 우리나라도 이러한 추세가 나타나고 있다고는 하지만 한국보다 이와 관련된 규제가 미비한 중국은 O2O 시장의 천국이라고 할 만큼 급성장하고 있다. 이러한 중국 소비시장의 추세를 읽지 못하면 중국 시장 개척도 요란한 구호에 불과할 수 있다.

중국 내륙에서 한국 중소기업 상품 팔기. 쉽지 않다. 그래서 맨손으로 무방비로 중소기업이 나오면 안 된다. 중국 시장을 공부해야 하고 창의적인 기술을 개발해야 한다. 그리고 최대한 중소기업청, 중소기업진흥공단, 코트라, 한국무역협회, at 등 정부기관을 이용해야 한다. 준비되고 경쟁력을 갖추면 중국 소비시장 진출도 결코 불가능한 꿈은 아닐 것이다.

중국 서부내륙시장
진출 실패를 줄이는 법

한국에는 중국 전문가가 너무 많다?

1992년 8월 24일 한중 수교 이후 많은 한국 기업들이 중국에 진출해서 불과 20여 년 만에 놀라운 경제협력성과를 달성하고, 수교 23년 만에 한중 FTA를 체결하는 등 한국과 중국은 경제뿐만 아니라 민간 교류에 있어서도 계속 성장하고 있다. 그 기간 동안 물론 많은 한국인들이 중국에 진출하여 사업을 영위했으며, 초기 산둥성과 광둥성 위주의 투자 시절에는 가공무역으로 경제적 이익도 많이 거두었다. 그 과정에서 중국에 경험을 가진 분들이 많이 발생하고 중국에 대해서 어느 정도 이해와 전문성을 가진 사람들이 중국에 대해 의견을 제시하고 있다. 그러나 중국과 경제, 사회, 문화 방면의 교류 증가 속도에 비해서는 정부 쪽이나 경제면에서도 중국 전문가가 부족하다는 점에 공식적으로 대부분 동의를 하는 부분이다.

그럼에도 한국 기업이 중국에 실제 투자를 하거나 진출하려고 할 때는 중국 전문가(?)가 너무 많은 게 현실이다. 중국에서 유학을 했거나 몇 개 도시에서 사업을 하시던 분들이 중국에 대해서 알고 있는 단편적인 지식을 중국 전체의 이야기인 듯 조언을 하거나, 주변 사람들에게 퍼트리고 있는 것이다. 사실 중국은 면적만 해도 한반도의 44배에 달하고, 일개 성인 신시성만 해도 대한민국과 면적, 인구가 비슷한 수준이다. 사실 중국에 대한 전문가는 어찌 보면 불가능한 얘기일 수도 있다. 다만 중국의 한 지역, 한 분야에 전문적 지식을 다른 이보다 많이 가지고 있는 것이 가능할 뿐일 것이다. 중국에서 사업을 해본 적이 있다거나 오래 살았던 경력만을 가지고 중국 전문가라고 말할 수 없는 이유다. 그럼에도 중국 진출을 희망하지만 경험이 없는 초기진출희망 중소기업들은 그런 분들의 이야기를 맹신하고, 잘못된 정보를 걸러내지 못하면서 투자를 진행하다가 실패를 경험하는 사례가 많아 현지에서 지켜보며 안타까울 때가 많았다.

또한 중국은 이미 빠르게 변하고 있고, 강도 높은 구조조정을 통해 완전히 새로운 국가 시스템으로 개조되고 있다. 90년대 중국에 진출해서 온갖 경험을 하고 사업을 운영해보신 분이더라도 이제는 다른 중국이기 때문에 예전 정보와 경험이 현재 중국에 맞는다고 볼 수도 없다. 예전처럼 꽌시(關係)로 해결될 수 있다거나, 중국인들이 얘기하는 저우허우먼(走後門)이 이제는 쉽지 않다는 점이다. 중국에 초기 진출하고자 준비하는 모 기업을 상담한 어떤 컨설팅 업체의 사례를 보면, 중국의 현행법률과 절차를 설명해줘도, 자기가 한국에 중국 전문가에게 들어보니 다른 비합법적인 문제해결 루트가 있다며 오히려, 정상적인 절차를 설명하는 상담자를 신뢰하지 않는 태도를 보였다는 것이다. 참으로 걱정되고 우려스러운 현실이 아닐 수 없다.

한국에서 중소기업에게 설명하는 중국 전문가의 지식은 이미 90년대, 2000년대 정보일 가능성이 높고, 설령 그 당시 정보가 맞다고 하더라도, 이제는 전혀 달라진 중국의 현실을 반영하지 못했을 가능성이 매우 높다는 게 문제다. 그리고 그런 중국 전문성을 가진 분이 왜 중국에서 계속 성공하지 못하고 한국에 와 있을까에 대한 부분도 생각해봐야 한다. 물론 중국 사업의 실패에 여러 가지 이유도 있을 것이고 실패 역시 중요한 경험 사례가 될 수 있어 조언을 받는 것이 나쁜 것은 아니다. 다만, 한 측의 이야기만 듣고 중국을 판단하는 오류를 범할 수 있는 위험이 있으니 신중을 기할 필요가 있다는 것이다.

중국 경제의 새로운 변화 흐름을 정확히 인식

한중수교 전부터 중국에 진출하여 베이징에서 사업을 운영하던 사업가분이 계신다. 초기 중국의 고속성장과 한국 기업 진출확대 추세에 따라 나름대로 사업에 성과를 거두시고 20여 년이 넘게 중국 내에서 계속 사업을 영위하여 지역사회에서 인정도 받았다. 그러나 최근 중국 경기 하락과 노동관계법 강화, 산업 구조조정 심화 등의 어려움으로 매우 심각한 위기에 처해 있다. 20년 넘게 중국 내에서 사업을 영위한 경험은 나름 중국에 대해서 누구보다 잘 알 수 있는 위치라고 할 수 있다. 그러나 한 분야 사업을 운영하면서 예전의 방식을 답습하고 새로운 중국 변화의 흐름을 읽지 못하여, 새로운 성장동력을 찾지 못하고 영업 루트가 말라버린 것이다. 시안에 초기진출했던 식당 운영 업체들도 유사하다. 주로 다롄과 칭다오지역에서 식당업을 운영하시던 분들이 시안으로 많이 진출하였는데, 과거 수준의 레시피와 영업수단으로 시안에 진출하다 보니 시안 현지 여건 변화를 감지하지 못해 몇 개 식당을 제외하고 모두 심각한 경영 위기에 빠져 있는 것이다. 오히려 외부에서는 중국의 변화가 빠르게 느껴지는데, 중국 내에서만 있다 보면 타성에 젖어서 변화를 느리게 느끼는지도 모르겠다. 어찌 되었든 중국 내에 모든 사회 각 분야에 있어서 엄청난 변화가 급격하게 이루어지는 것은 현실이고, 하루가 멀다 하고 중국 중앙정부에서는 사회시스템 구조조정을 위한 새로운 의견(한국의 법령지침에 해당)이 계속해서 쏟아지고 있다. 중국 국영기업들도 뼈를 깎는 구조조정이 진행 중이고, 부동산 건설 등 일부 산업에서는 감원 및 파산이 속출하고 있는 상황이다. 빠르게 새로운 중국 경제의 흐름과 방향을 읽지 못하면 중국에 20년 사업을 하던 한국 기업도 퇴출될 수밖에 없는 게 지금 중국의 현실이다. 하물며, 중국에 초기 진출을 희망하는 기업 입장에서는 어찌해야 할 것인지 자명하다.

철저한 사전준비와 관련 법령 숙지

앞서 말했듯이 거대한 중국 전체의 전문가는 없다고 생각하는 것이 안전하다. 다만 지역적 정보가 많은 사람들이 있을 뿐이다. 한국에 있는 중국 전문가(?)들의 의견을 청취하는 것도 나쁘지는 않지만, 반드시 여러 사람에게 물어보고, 진출하고자 하는 중국 현지의 사람에게도 꼭 의견을 청취해서 종합해 판단해야 한다. 그리고 진출 전에 반드시 철저한 준비가 선행되어야 한다. 중국에 진출하기 위해 중국에 방문하거나 의사를 표현하면, 현지 중국 정부나 파트너, 아니면 현지 한국인들이 빠르게 의사결정을 요구하는 경우가 많다. 결정이 늦으면 손해를 본다든지 해서 한국인의 급한 성격을 공략하는 것이다. 그러나 서둘러서 무언가를 추진하려고 하는 측은 반드시 무엇인가 있고, 우리 측에서는 불리한 면이 있을 수밖에 없다. 중국 정부나 중국 파트너는 당연히 빠르게 투자를 받아 실적을 내고 싶은 부분이 있을 것이고, 중국에 연계해주는 한국인도 빠르게 유도한다면 무엇인지 커미션 관계가 있을 수도 있다고 의심해 봐야 한다.

예전에 필자가 중국 선양에서 근무할 때, 대만인상회 회장을 만나 이야기를 나누면서 부끄러웠던 적이 있었다. 그 회장이 말하길 중국인들이 투자유치나 거래하기 쉽게 여기는 사람이 한국인이라는 것이다. 대만 사람들은 중국인들과 협상할 때 비슷한 안건을 가지고도 최소한 10차례는 반복 미팅을 해서 시간 끌기 전술을 사용하고, 결국 몸이 달아 마음이 급해진 중국인들이 조건을 완화하여 대만 상인에게 유리한 계약을 하게 된다고 한다. 그러나 한국인은 반대다. 한 번 만나서 저녁에 술자리를 갖고 형님 동생 하면서 바로 친밀감을 극대화하고, 중국인들이 입버릇처럼 말하는 메이원티(沒問題; 문제없다)를 철석같이 믿고 바로 다음 미팅 때 계약을 해버린다는 것이다. 계약 이후에 계속 문제가 발생하는 것은 당연하다. 이처럼 우리 입장에서는 절대로 서두를 필요가 없다. 돌다리도 두드리는 심정으로 계속 자료를 보완하여 검토하고 철저히 상대방의 마지막 패까지 확인한 다음 투자해도 절대로 늦지 않다. 조금 빨리 투자해서 중국 시장을 빨리 점유하고 싶겠지만, 외국인에게 그렇게 쉽게 점유당할 중국 시장이 이제는 아니다.

아울러, 중국 현지법령에 대해서 진출기업 자체적으로 철저히 학습해야 한다. 보통 현지 컨설팅 업체나 세무회계업체에 대행시키고, 정장 자신이 투자하는 사업임에도 관련 법률이 어떠한지 아무것도 모르는 경우가 대부분이다. 이런 기업의 특징은 보통 문제가 발생하면 또 정확한 법률회사를 찾아가지 않고 비용이 들지 않는 비공식 루트를 찾는 경우가 많다. 문제를 키우게 되는 경우다. 중소기업청에서는 '중국법령정보시스템'을 운영하고 있고, 중국 각 지역마다 영사관과 코트라, 중소기업진흥공단에서 법률지원 서비스를 하고 있다. 그러나 더욱 중요한 것은 자신의 자본을 투자하는 기업이 스스로 현지 법령과 예상 위험 리스크를 사전에 그리고 상시적으로 체크하는 자세가 중요하다. 회계도 마찬가지다. 중국 회계시스템은 한국과 약간의 차이가 있지만 거의 유사하다. 중국은 매달 재무제표를 작성해야 하기 때문에 오히려 한국보다 더 엄격하다고 볼 수도 있다. 그러나 한국 투자기업들은 재무제표 확인을 등한시 하는 경우가 많다. 회계업체에 맡겨버린 후 나중에 문제가 생기면 어디서 잘못되었는지도 스스로 찾아내지 못하는 상황까지 가버리는 것이다. 피 같은 한국 투자자본이 제대로 관리되지 못하고 중국에 소리 없이 스며 들어가 버리는 모습을 보면 가슴이 아플 뿐이다. 물론 규모가 큰 투자기업이나 대기업은 잘 관리되고 있을 것이다. 문제는 중소기업이다. 일인 다역을 하는 중소기업 사장님들의 바쁜 상황은 알지만, 중국은 남의 나라다. 보호받고 싶으면 그 나라의 시스템과 법은 정확히 알고 시작하는 것은 기본 중의 기본이 아닐까 싶다.

정부지원제도 및 현지 한국 정부기관을 적극 활용

중국의 중요성이 갈수록 심화되고 한국 기업의 진출이 계속되면서, 한국 내에서도 중국 진출과 관련된 정책지원사업이 매우 다양하게 펼쳐지고 있다. 중소기업청을 비롯해, 중소기업진흥공단, 코트라, 한국무역협회, 농수산물유통공사 등 다양한 기관들이 단계별 지원전략을 보유하고 있고, 지원예산 규모는 매년 증가하는 추세다. 기관을 방문하거나 홈페이지 등을 통해 자신에 맞는 지원정책을 계속 찾아보고, 적극적으로 활용하는 노력이 필요하다.

또한, 진출하고자 하는 지역의 한국 정부기관을 적극 활용할 필요가 있다. 아직도 정부기관의 고압적인 자세나 형식주의에 대한 선입견으로, 정부기관 문턱을 꺼리는 기업들이 많이 있는 것으로 알고 있다. 그러나 한국 정부기관도 공공서비스 기관이고, 이미 수 차례의 공공기관 구조조정을 통해 대민 서비스의 품질도 매우 높아졌다. 중국 현지의 한국인들에게 정보를 듣는 것도 중요하지만, 그보다 코트라나 중소기업진흥공단의 현지 사무소가 있을 경우 반드시 방문하여 상담을 받아 보는 게 좋다. 정부기관이 일을 잘하기 때문이 아니라, 현지에 중국 정부 및 중국 기업정보, 한국 기업정보 등 각종 정보가 한국 정부기관에 모여들기 때문이다. 물론 한국 정부기관이 미처 확인하지 못한 정보가 있을 수도 있지만, 정부기관에서 확인하는 정보는 적어도 사기성은 아닐 가능성이 높으니, 일단 의견을 들어보는 것이 필요하다고 생각된다.

한국 기업의 중국 진출 희망 의지도 높고, 또 그만큼 중국에서 실패하는 경우도 많은 상황에서 감히 중국 내륙시장 진출에 대한 의견을 적으면서 매우 마음이 무겁다. 필자 역시 중국 전문가도 아니고 중국을 많이 이해하고 있지도 않다. 그러나 현지에서 보고 들은 현실 중에서 초기진출희망 기업들이 알아주었으면 하는 내용으로 전달하고자 했고, 성공하는 법은 알려주기 어렵지만 적어도 이러한 기본적인 사항 때문에 실패하는 사례를 줄여보고자 정리해 보았다. 부디 한국 기업의 실패사례가 줄어들고 중국의 경제 흐름에 편승하여 함께 성장하는 사례가 늘어나길 바란다.

아직 남아있는 중국 내륙도시 투자진출 기회

중국 서부내륙 지방 소도시로 시야를 돌려야

20년 전 칭다오를 거점으로 많은 한국 기업이 저렴한 노동력을 활용하기 위해 중국으로 투자진출한 시기가 있었다. 그러나 중국의 인건비 상승과 세계적인 경기 하락으로 인해 중국 내 제조업 투자는 한계에 다다랐고, 실제 삼성전자를 비롯한 많은 한국 기업이 중국을 떠나고 있는 상황이다. 광둥성 동관에 위치해 있던 대부분의 한국 기업도 제조원가의 상승으로 중국을 떠나고자 하고 있고, 이는 비단 우리나라 기업만의 현실은 아니다. 대만기업과 일본기업들도 줄줄이 짐을 싸고 있는 상황이며, 최근 중국의 신창타이 시대와 구조조정 시기를 맞이한 중국 기업들도 제조업 분야에서 생존을 위한 힘겨운 몸부림을 거듭하고 있는 현실이다.

이러한 현실을 감안할 때, 중국에 제조업을 하기 위한 투자진출은 무모한 노력으로 보일 수도 있고, 실제로 한국 기업의 중국 투자진출은 제조공장 설립에서 서비스산업 투자진출로 변화하고 있는 추세다. 한국 정부 차원에서도 한계에 다다른 중국 제조업 투자보다는 내수시장 개척을 목표로 한 수출진흥에 포커스가 맞추어지고 있는 상황이다. 그렇다면 중국에 제조산업기반 투자진출은 이제 끝난 것일까? 중국은 모두 알다시피 작은 나라가 아니다. 전체적인 방향성으로는 제조업 투자보다 수출 위주의 서비스 산업진출이 답인 것은 자명하다. 특히 온라인 전자상거래 중심으로 재편되고 있는 중국의 유통시스템은 제조기술만으로 극복할 수 없는 새로운 도전이 필요한 분야라고 할 수 있다. 그러나 답이 없는 것은 아니다. 중국의 내륙시장에는 아직 우리가 미처 살펴보지 못한 새로운 투자진출 기회가 있으며, 그 기회는 오랜 시간 우리를 기다려 주지는 않을 것이다.

중국 연해지역 위주로 개발되어 있는 지역적 불균형은 우리보다 중국 정부가 더 심각하게 고민하고 있는 상황이며, 이러한 문제의식에서 출발한 중국 서부 대개발 정책과 실크로드 일대일로 진출전략은 모두 중국 내륙도시 개발 및 활성화에 목적이 있다. 원자바오 총리가 4억 인민폐를 풀어 중국의 가전하향 정책을 통해 내수를 깨우려 했던 노력과 서쪽으로 계속 이어져가는 철도, 도로개발 인프라는 중국의 내륙 소도시들을 깨우고 있다. 그동안은 연해지역의 수출 위주 산업정책에 따라 소외되고 관심 밖이었던 중국 내륙의 도시들이 고속철도가 깔리고, 소득수준이 향상되면서 자체적으로 도시를 개발하고 활성화하기 위한 노력이 점점 더 심화되고 있는 것이다. 실례로 산시성의 한중시는 제갈공명의 무덤이 있고, 유구한 한나라 및 삼국지의 유적을 보유하고 있으며, 1,600여 종의 한약재가 생산되는 강점을 가지고 있었으나 그동안 빛을 보지 못하고 있었다. 그런데 2017년 개통 예정인 고속철도의 인프라가 건설되면서, 이 도시에도 활력이 일어나기 시작했으며, 실제 100여 개의 투자 항목에 1,000억 인민폐가 넘는 투자유치가 진행 중이다. 이러한 중국 내륙의 소도시는 점차 늘어가고 있고, 필자가 다녀본 도시만 해도 바오지(寶鷄, 보계), 웨이난(渭南, 위남), 상뤄(商洛, 상락), 자오쭤(焦作, 초작) 등 다양한 도시에서 도시개발과 투자유치에 열을 올리고 있다. 이제는 중국 내륙에 있지만 대도시인 시안만 해도 시내에서는 공장 부지를 구하기 어렵고, 어렵게 찾았다고 해도 토지 비용이 매우 높아 투자가치가 떨어지는 경우가 많다. 그러나 내륙 소도시의 경우에는 아직도 우리에게 좋은 조건으로 투자할 만한 가치가 있는 기회가 있다.

용두사미(龍頭蛇尾)가 아닌 사두용미(蛇頭龍尾) 전략

중국 내륙 소도시의 특징은 외자기업의 유치 경험이 없다는 것이다. 물론 투자유치 공무원들의 감각도 떨어지고, 아직까지는 다양한 인프라가 부족한 면도 있다. 그리고 중국 중앙정부의 지침으로 지방정부에서 공식적으로 중앙지침과 다르게 혜택을 줄 수 있는 여지도 없다. 그러나 내륙 소도시에도 새로운 물류 인프라가 깔리고 있고, 지역마다 산업자원이나 인력자원면에서 강점을 아직까지 보유하고 있는 경우가 많다. 중국 정부의 다양한 서부지역 활성화 조치로 지역민의 소득수준도 늘어나고 있다. 과거의 열악한 투자조건으로 오해하면 안 되는 이유다. 또한 중국 내륙 소도시는 외국기업의 투자유치를 해본 적이 없으므로, 초기에 진출한 외자기업에게는 보이지 않은 혜택이 있을 가능성이 크다. 초기 진출한 외자기업의 성공이 해당 도시의 외자유치 경쟁력으로 작용할 수밖에 없기 때문에, 초기 진출한 외자기업의 애로 해소를 위해 지방정부가 발 벗고 문제를 해결해주는 것이다.

실례로 허난성 모 지역에 1호 기업으로 진출한 사례를 보면, 중국 기업과 4억 인민폐 규모의 합작 투자를 추진하면서 저렴하게 토지를 분양받은 혜택과 별도로 중국 지방정부에서 4억 인민폐를 대출받았으며, 5천만 인민폐는 무상보조금 혜택을 받았다. 그 외에도 인력지원이나 행정사항에서도 적극적인 우대지원을 통해 안정적인 성장을 이어가며 2016년 기준 전 세계 50% 이상의 시장점유율을 가진 기업으로 성장하여 그 지역을 대표하는 외자기업으로 인정받고 있다. 1호 기업의 혜택은 여기서 그치지 않는다. 초기 투자한 한국 대표는 그 도시 명예시민증을 받았고, 해당 도시의 대외 홍보자료 및 성공사례를 동 기업으로 홍보하면서 기업의 브랜드 가치는 중국 내에서도 지속적으로 상승하는 것이다.

시안에 위치한 '화천통신유한공사'도 유사한 사례라고 할 수 있다. 시안이라는 지역이 아직은 낯선 2002년에 한국 기업으로는 최초로 투자진출하면서 다양한 혜택을 받았고, 그러한 인프라지원을 기반으로 2015년에는 역대 최고 매출을 기록하는 통신장비회사로 자리 잡았다. 베이징이나 상하이부터 진출해야 한다는 기업들이 많이 있는데 이럴 경우 용두사미(龍頭蛇尾)가 될 가능성이 많다. 차라리 지방 소도시에서 한국 진출 1호 기업이 되어 비록 중국 서부 내륙도시의 사두(蛇頭)가 되더라도, 그 지역 지방정부의 전폭적인 지원을 받아 용미(龍尾)가 되는 것도 나쁘지 않다.

중국은 1등을 좋아한다. 건물도 세계 최고 높이를 좋아하고, 전시장도 세계 최대, 쇼핑몰도 세계 최대, 골프장도 세계 최대를 짓느라고 노력한다. 15억이 넘는 인구를 가진 발전 중인 국가에서 2등은 기억되기 쉽지 않기 때문일 것이다. 지방내륙도시 진출에서도 이러한 공식은 효과가 있는 것으로 보인다. 어느 지역이든 첫 번째 외국투자기업은 그만한 대우와 혜택을 누릴 수 있다. 공식적으로는 중앙정부의 지침 외에 혜택을 줄 수 없지만, 일단 그 지방정부에서 희망하는 분야, 예를 들면 친환경, 에너지, 하이테크기술, 농업가공 등에 관련된 산업이라면, 지방정부에서 어떻게든 혜택을 주어 투자유치를 이끌기 위해서 중앙정부에 우대혜택 건의를 올릴 가능성이 높다. 앞서 언급된 사례기업도 모두 그러한 유형이 속한다.

이제 막 깨어나 성장하고자 하는 내륙 소도시들의 열망을 이용하여 성공적인 중국 투자진출을 이룰 수 있는 기회가 점차 늘어나고 있다. 그러나 그 기회도 그리 오래가지는 않을 것이고, 현재 산시성(陝西省, 섬서성), 산시성(山西省, 산서성), 허난성(河南省, 하남성), 구이저우성(貴州省, 귀주성), 쓰촨성(四川省, 사천성) 등지에 그러한 소도시는 한국 기업의 투자를 기다리고 있다.

중국 내륙 소도시의 한국사랑은 조금 유별나다. 물론 미국이나, 유럽 등의 외자기업 투자유치도 희망하고 있지만, 한국 기업에 대한 투자유치 노력은 조금 더 집착하는 면모를 보이는데, 산시성 셴양시와 허난성 자오쭤에 한국 기업산업단지를 건설하는 모습이 그 대표적인 현상이다. 물론 이유는 있다. 기술협력 부분에서는 유럽이나 미국기업이 조금 더 우수할지 모르나 한국 기업은 일단 문화적인 면에서 동질적인 부분이 많고, 일본에 비해서 민족적인 거부감이 조금 덜한 면도 있다. 그리고 지리적으로 가까우면서 약간 선진화된 기업문화 및 기술력도 한국 기업에 대한 관심을 키우는 데 일조하고 있다고 보인다. 실제로 매년 한국을 방문하는 중국 내륙지방도시 인민정부 경제 사절단은 계속 늘어나고 있고, 중국 지방정부 투자유치 해외방문계획에 한국은 필수 코스다. 이러한 한국에 우호적인 중국 내륙지방도시의 분위기도 우리가 관심을 가져볼 만한 이유가 되지 않을까 한다.

지방내륙도시 투자진출 시 유의점

그러나 중국에 관심을 가지고 있는 대부분의 기업들이 주지하고 있듯이 투자기회가 무조건 성공을 보장하지는 않는다. 중국 경제방향의 거대한 흐름을 이해하고, 투자를 목표로 하는 지역의 세밀한 투자전략이 바탕이 되지 않는다면, 그러한 기회도 하나의 뜬구름 같을 수 있기 때문이다. 여기서 중국 내륙도시 투자와 관련하여 한국 기업이 반드시 이해하고 대응해야 하는 몇 가지 사항을 제언하고자 한다.

첫째는 중국 경제 흐름의 방향을 정확히 이해해야 한다. 아무리 투자진출 기회가 좋아 보여도 중국은 더 이상 가공무역 생산기지가 아니다. 높은 노동 인건비 상승, 강력한 산업구조조정, 엄격해지는 환경규제 등은 중국 정부의 거시적인 정책 방향이며, 이를 거스르는 지방정책은 당연히 있을 수 없다. 중국 내 생산거점은 철저히 중국 내수 소비정책의 방향과 함께해야 가능성이 높을 수밖에 없다. 중국 내 과잉생산문제를 서부 대개발과 실크로드 전략으로 분산해결하려는 중국의 방향과 수출중심에서 내수활성화로 목표를 선회한 산업정책을 심도 있게 분석하고 이해하는 자세가 선행되어야 한다.

둘째, 투자하려는 해당 도시의 강점과 문제점을 철저하게 분석해야 한다. 지방정부의 과도한 홍보와 계획 등에 현혹되어 실질적인 투자이행 시 발생할 수 있는 문제점을 간과하고 투자한다면, 안정적인 투자진출 성공은 멀어질 것이기 때문이다. 중국은 지역이 거대한 만큼 지방도시마다 각각의 특색과 장점, 문제와 한계를 동시에 가지고 있다. 이러한 도시분석과 이해는 현지 초기진출 한국인들의 견해를 충분히 청취하고, 최소 6개월 이상 해당 도시를 끊임없이 방문하고 지방정부 인사와 계속적인 교류를 통해 하나씩 이해해 나가는 과정이 필요하다. 절대 서두르는 모습을 보여서는 안 된다. 투자할 가능성을 열어두고 지방도시 정부와 교류를 계속해 나가되 주도권을 잃어서는 안 되기 때문이다.

셋째는 독자진출보다 합작투자가 더 유리할 수 있다. 가능하면 지방정부의 지분투자를 유치하는 것이 바람직하다. 중국은 아무리 기회가 많아도 중국 영토다. 한국인이 한국인만의 힘으로 사업을 시작하고 마케팅 성과를 얻는다는 것은 중소기업 입장에서 거의 불가능에 가깝다고 생각한다. 초기에 대규모 투자를 진행했던 롯데마트도 많은 수업료를 낸 상황에서 한국 중소기업의 한계는 불을 보듯 뻔한 일이 아닐까? 중국 내 인증이나 마케팅, 문제점 해결 등은 중국 측 파트너를 활용하는 게 현재로써는 최선의 대안일 수밖에 없고, 투자지분에 지방정부가 포함되어 있으면 더 안전한 보호망이 될 수 있을 것이다. 마지막으로 중국 지방내륙도시 투자진출을 검토한다면, 가급적 1호 외자기업이 될 수 있는 곳을 선택하는 게 좋다. 앞서 언급한 바와 같이 중국 지방정부 역시 1호 외상투자기업에 대한 관심과 애정은 남다를 수밖에 없고, 1호 외상투자기업의 성공이 향후 외자기업 투자유치에 유리한 수단으로 작용될 가능성이 높기 때문에 보이지 않는 혜택을 향유할 수 있는 기회가 더 많아질 수밖에 없다.

이러한 중국 내륙지방도시의 열정을 이해하고, 철저한 준비를 통해 각 지방도시의 1호 외자기업으로 한국 기업이 투자진출 성공을 이어간다면, 향후 중국 내륙내수시장 진출의 교두보 역할을 할 수 있는 계기가 되고, 산업 한류를 앞당길 수 있지 않을까?

시안 진출 소상공인
사업운영사례(실패와 교훈)

　중국 연해지역에 비해서는 진출 규모가 많지 않지만, 시안은 중국 내륙도시 중에서는 소상공인 진출이 가장 많은 지역이다. 2014년 삼성반도체 유한공사가 70억 불을 투자하여 시안에 공장을 설립한다는 소식은 한국에서 뿐만 아니라 다롄, 칭다오, 베이징 등지에서 많은 한국 소상공인들의 투자를 유인했다. 그러나 소상공인은 중견기업들의 투자와 달리, 매우 협소한 정보력으로 대부분의 자산을 투자한다는 점에서 리스크가 매우 높고, 그만큼 신중한 투자가 되어야 하는 산업군임에 불구하고, 많은 소상공인들이 섣부른 초기 투자로 어려움을 겪었고, 실패한 사례도 속출하고 있는 것이 시안의 현실이다. 2014년 초 시안에 발령받아 이러한 소상공인들의 중국 진출 애로사항과 운영 현실을 지켜보면서, 한국의 국부가 유실되고 있는 상황이 매우 안타깝게 느껴졌고, 이를 보완해야 할 필요성이 있다고 판단하여, 현지 진출 소상공인 사업운영사례와 실태를 함께 공유하고자 한다. 최근에 설립된 소상공인시장진흥공단은 2014년 중국 시안과 베트남 하노이에 대한 전반적인 소상공인 실태조사[30]를 추진한 바 있다. 이때 제작된 용역보고서에 조사된 시안 진출 소상공인 사례와 그 이후 진행 상황을 반영하여 성공사례가 아닌 실패 및 애로 사례를 중심으로 소개하고자 하니, 중국 내륙시장 진출 시 한 번 더 고민하는 계기가 되기 바란다.

체인점 형태의 마트 창업, 소방허가 등 인허가 절차 애로(A마트)

보육회사에서 15년 정도 근무경력이 있는 A마트의 대표는 마트에 대한 경력 없이 2014년 시안 이취위엔(逸翠园)지역에 한인마트를 개설했다. 임대료는 150위안/㎡이었으며, 체인점 형태의 마트로 창업하여, 프랜차이즈 본사업체에서 상품정보, 주문방식, 배치, 인테리어 등을 모두 지원받아 설립한 형태로 초기 설립단계는 큰 어려움이 없이 시작되었다. 단지 임대차 계약과 관련하여 임대인의 '인지소득세'를 A마트에서 대신 납부하고 있으며(1년에 2,000만 원 정도) 이를 위해 임대료를 낮춘 이중계약서를 체결하여 운영하고 있다.

점포설립 시 애로점으로는 소방허가를 받는데 매우 까다로운 검사절차가 있었다고 한다. 시안지역의 경우 소방허가가 나야 인테리어 공사를 시행할 수 있는데, 이에 대한 대응이 늦어지면, 몇 달씩 시간이 늘어지는 경우가 있어 결국 소방담당에게 일정 부분 비용

---

30) 소상공인시장진흥공단, 2014년 소상공인 해외창업 정보구축용역, 2014.

을 부담을 하고 처리할 수밖에 없었다고 한다. 직원의 5대 보험(의료, 양로, 생육, 공상, 주택공적금)은 모두 가입했으며, 모집 광고 또는 지인 추천의 방식으로 현지 직원을 채용했다. 그러나 현지 직원에게 제품교육 및 서비스 마인드 교육을 시킬 때 애로를 경험했는데, 현지 중국인의 서비스 마인드는 한국과 비교하여 아직 매우 낮은 상태로 최대한 인내심을 가지고 조금씩 변화시키려는 노력이 필요했다. 세무회계는 외부대리기장을 통해 처리했으며 1년에 한 번씩 세무연검을 받는 정도의 관리만으로 큰 애로는 없었다.

임차 계약은 5년 계약에 5년 연장 조건이었으며, A마트의 경우 자체설립한 법인 명의로 계약을 체결하였다. 120평 규모로 오전 9시부터 밤 12시까지 영업하였으며 홍보는 현지 한인잡지를 통해 홍보하였으며, 주요 고객은 중국인과 한국인이 50%씩이라고 했다.

A마트는 체인점 형태를 활용하여 비교적 수월하게 마트를 설립한 사례이며, 한국 교민과 중국 부유층이 많은 지역에서 한류 트랜드에 맞는 한국 제품의 적극적인 투입을 통해 2016년 초까지는 안정적인 사업운영을 영위하고 있는 사례다.

한국적인 고급화 전략으로 승부, 과도한 초기 투자(B한식집)

중국에 음식사업 진출을 고민하던 중, 베이징, 텐진, 칭다오 등은 과포화 상태인데 반해, 삼성반도체공장이 진출하는 시안이 새로운 기회의 지역이 될 것으로 판단하여 진출한 사례이다. 한국에서부터 사전조사에 만전을 기하였으며, 시안에도 개점 8개월 전에 진출하여 입지 및 사업전망에 대한 조사를 꼼꼼히 추진하였다. 조사결과 시안의 한인밀집지역인 뤼디지역에서 가장 좋은 입지에 높은 임대료(120위안/㎡)를 부담하며 진출하기로 결정했고, 고급 한정식집을 목표로 인테리어 및 식재료의 고급화에 승부를 걸었다. 시안 내 한국식당 진출 규모가 대부분 대동소이하면서 고급화된 식당이 없는 상태여서, 고급 고객유치의 틈새시장을 공략하는 계획이었고, 향후 시안의 경제발전추세를 감안하면 어느 정도 승부할 만한 가치가 있었다고 판단했던 것이다.

그러나 인테리어 공사부터 어려움에 봉착했는데, 공사 시기가 중국 춘절기간과 겹친 것이다. 중국의 다른 지역도 마찬가지지만, 공사같이 중국 농민공 인부의 작업을 필요로 하는 사항은 춘절 등 중국 장기휴무기간을 피해야 한다. 결국 공사기간이 1개월가량 늦추어지면서 영업준비시기를 그만큼 손해봤다. 이 한식집은 실제 영업을 할 때도 철저한 고급화 전략을 고수했다. 직원들의 유니폼도 모두 한국에서 구입하여 착용시키고, 그릇도 무거운 도자 그릇을 사용했다. 한국의 HACCP 기준에 근거하여 식자재 관리 등을 강화했고, 밑반찬도 10여 가지를 매일 만들어 고급 손님들의 취향을 반영하려는 노력을 기울였다. 초기에는 시안 한인타운을 취재온 중국 방송국의 예능 프로그램을 통해 방송이 나가는 등 광고효과로 어느 정도 중국인이 찾는 반응을 얻었지만, 한인타운의 후속적인 활성화 미흡으로 중국인의 가게 방문은 증가하지 않았다.

그러나 시안 시장 현실에 맞지 않는 과도한 고급화 전략은 중국인뿐만 아니라 시안에 진출한 한국 교민에게도 가격적인 부담으로 전달되었고, 식당 매출로 이어지지 않았다. 매월 1천만 원이 넘는 월세와 매출 부진으로 경영 악화를 이어가던 식당은 결국 2015년도에 헐값으로 영업권을 넘기고 철수할 수밖에 없었다.

장기간의 준비와 정통 한정식이라는 고급화 전략으로 시안 시장을 두드렸지만, 한국 고급식당을 연상시키는 고가의 가격은 주요 방문 고객인 한국 식당에 대한 호기심을 가진 중국인과 현지 시장 진출을 위해 막 들어온 한국 교민들에게는 맞지 않은 답안지였던 사례다. 오히려 현재 B한식집의 영업권을 넘겨받은 한국 사장님은 고급 인테리어를 유지하면서, 중국인들을 겨냥한 다양한 종류의 현지화된 한국 음식과 저렴한 가격, 풍부한 양으로 승부하여 많은 중국 고객을 확보하는 등 나름 안정적인 성장세를 이어가고 있다. 초기에 투자된 인테리어 비용이 그나마 중국인에게 넘어가거나, 훼손되지 않고 한국 소상공인이 이어받아 상권을 살린 상황은 그래도 다행스러운 부분이다.

숯불구이로 식당 특화, 중국인 겨냥(C한식당)

삼성반도체공장 설립에 맞추어 진출하였으며, 한인밀집지역에 숯불구이전문점으로 특화한 식당 운영 사례다. 한인밀집지역이지만 매장 임대료는 90위안/㎡으로 계약을 체결하였으며, 5년 계약에 5년 연장 가능 조건이었다. 시안의 경우, 한국과 달리 초기 보증금이 없고, 보통 6개월 치 선불에 1개월 치 보증금을 지불하면 계약이 가능하여 초기 과도한 보증금 비용은 없었다. 사업자등록과 점포 개설 시에 중국의 행정절차의 지연으로 어려움이 많아, 비용을 들이더라도 법인개설 컨설팅업체에 의뢰해서 추진했다. 다른 식당과 마찬가지로 소방검사 및 위생허가를 받는데 어려움을 겪었으며, 계획되어 있던 비용 외에 추가적으로 들어가는 비용들이 많아 예상지출을 초과하는 애로를 당했다고 한다. 현시 경영여건과 관련해서는 가스설치에 시간이 꽤 소요되었으며, 인터넷 설치는 빠르지만 속도는 느린 것이 특징이었다.

한인밀집지역인 만큼 한국인이 찾는 경우도 많았지만 이 식당의 경우, 80%는 중국인이 찾는다고 한다. 적정한 가격선으로 한국의 숯불구이 특성을 살린 메뉴특화가 전략이었고, 별도의 광고 없이 방문했던 중국인이 SNS를 통해 맛 평가를 올려준 덕분에 중국인의 발길이 늘어났다고 했다. 현지 종업원은 20여 명으로 모두 사회보험을 가입시켰고, 직원 서비스 교육에 역시 많은 노력을 기울였다. 가급적 직원과의 소통에 집중하였으며, 문화적 차이는 중국인의 특성에 맞추려고 노력했다.

2013년도에 설립된 이 식당은 2016년 초인 현재까지도 중국인의 발길이 끊이지 않으면서, 안정적인 성장세를 이어가고 있으며, 특화된 메뉴를 바탕으로 중국인들의 취향을 적극적으로 공략한 것이 적중한 양호한 사례다.

한류를 이용한 치킨집 투자진출, 상권 비활성화의 한계(D치킨집)

시안에 인테리어 사업으로 초기 진출하고자 했으나, 한국 기업 진출이 계획보다 저조한 상황을 틈새시장으로 개척하고자, 당시 유행했던 드라마와 연계하여 치킨집을 개업한 사례다. 창업 초기부터 전문적인 시장조사와 산업 분석 없이 진출하여, 설립 단계부터 점포 운영, 직원 채용 등 전체적인 애로가 많았던 사례다. 느린 현지 행정시스템을 예상하지 못하여, 영업 허가증이 3개월 이상 소요되었고, 각종 인허가를 취득하는 과정에서 역시 예상치 못한 비용이 추가적으로 발생하는 애로를 겪었다. 현지 종업원을 구하는 데도 역시 애로를 겪었다. 시안 내 젊은 구직자층도 어렵고 저임금의 일을 회피하는 성향이 높아지고 있어 주로 시안 외곽도시의 유입인력을 활용해야 했다고 한다. 그러나 더욱 큰 애로 사항은 입점했던 상권의 비활성화였다. 한인밀집지역 중 하나인 이취위엔에 입점했지만, 치킨과 호프를 주로 먹는 젊은이들의 유동인구가 많은 거리가 아니었고, 주변의 한식당 역시 아직 활기를 띠지 못한 지역이었다. 월 임대료는 유동인구가 많은 다른 한인밀집지역(뤼디)에 비해 저렴했지만, 유동인구가 적고, 상권이 활성화되지 못한 지역에서는 어떠한 마케팅도 효과를 보지 못했고, 결국 2015년 점포는 정리되었다. 향후의 개발 가능성과 상권 활성화 계획이 있을지는 모르지만, 소상공인의 상가는 장기적인 투자관점으로 접근해야 하는 사업이 아니라, 당장 유동인구가 매출로 이어져야 하는 상업이라는 점을 잘 이해해야 한다는 사실을 보여준 사례다.

마트에 북카페 개념 도입, 현지 제도 이해 부족의 한계(E마트)

역시 시안에 삼성반도체공장이 설립된다는 소식을 듣고, 삼성 및 협력업체 직원, 가족을 대상으로 사랑방 개념의 북카페 마트를 2014년 5월 시안 한인밀집지역(뤼디)에 설립하였다. 주재원 가족들의 활동 반경이 넓지 않을 것으로 예상하고, 책을 접하기 쉽지 않은 현지 여건을 감안하여 자체적으로 보유하고 있는 한국 책을 들여와 북카페를 만들기로 한 것이다. 마침 비슷한 시기에 한국에서도 복고 열풍으로 인사동 등지에 옛날 책을 가져다 놓은 북카페 테마 가게가 만들어지고 있는 추세여서 시안에서도 적용이 가능할 것으로 예상했다. 임대료는 100위안/㎡이었고, 인테리어도 거의 자체적으로 직접 했다.

그러나 막상 책을 들여오는 데부터 문제가 발생했다. 중국에 5,000여 권의 책을 들여올 계획이었는데, 중국이 도서 출판물에 대한 제재가 심하다는 현지 제도에 대한 이해가 없었던 것이다. 실제로 중국에서는 개인적으로 10권 이상의 책을 들여오는 것은 제도적으로 거의 불가능에 가깝다. 우선 중국 베이징의 출판국의 허가를 얻어야 하고, 허가를 얻은 책도 중국 관련 부서가 인정한 물류회사를 통해서만 들여올 수가 있는데, 이 출판부서 허가를 받는 것은 사실상 매우 어려운 조치로 대부분 책을 들여오는 것을 포기해야 한다. 결국 공식적이지 않은 여러 절차와 노력을 거쳐 한국 돈 2천4백만 원의 비용을 들여 5,000여 권의 책을 겨우 가게에 들여올 수 있었는데, 결과적으로 본인의 책을 한 권당 한국 돈 4,800

원을 들여 사온 꼴이 된 것이다. 그러나 문제는 끝나지 않았다. 삼성반도체 공장이 완공되면서, 삼성협력사 및 건설직원과 가족이 시안을 떠나가기 시작했고 수익은 예상치를 크게 밑돌기 시작했다. 한국인을 대상으로 사업을 시작한 것이 착오였던 것이다. 이에 북카페 개념을 한국문화 테마 마트 개념으로 전환하여 중국인을 공략하기로 전략을 선회했고, 조금씩이나마 매출의 개선 효과를 보고 있다. 독특한 마트 매장 구성 전략으로 중국인의 가맹점 문의가 있었고, 계속 중국인들과 협상을 하면서 프랜차이즈 개념으로 재접근을 시도하고 있다. 현지 경영자에 의하면, 중국인 중에서도 한류에 관심이 있는 상위층 소비자는 구매력이 있어서 한국상품을 선물용으로 박스째 구매하는 경향이 있어, 트랜드에 맞춘 적정한 물품을 적절히 공급하면 시안 시장도 공략할 수 있는 기회가 아직은 남아있다고 보고 있다.

초기 한국인을 대상으로 한 아이템으로 진출했다가 한계를 경험하고, 중국인의 눈높이와 취향에 맞춘 방향 전환을 한 사례로 우리 한국 소상공인들이 중국 내륙시장을 진출할 때 어느 소비군을 타깃으로 해야 하는지 보여준 사례라고 하겠다.

한국 미용 프랜차이즈 진출, 중국 상관행의 역습(F헤어숍)

2002년 이훈헤어칼라 체인으로 사업을 시작하여 중국 전역에 60여 개 체인점을 오픈해서 성공을 거두었으나, 현재는 텐진과 시안에 3개의 미용실만 직접 운영하고 있는 사례다. 현재 시안에서 2개의 헤어숍을 운영 중인데, 한국의 드라마로 시작된 한류의 바람이 시안 내륙에도 조금씩 일어나면서 한국적인 헤어스타일에 관심이 높아져, 현재 나름 안정적인 사업을 영위하고 있다. 시안 뤼디의 헤어숍 매장은 2층에 위치하여 임대료는 80위안/㎡으로 조금 저렴한 편이다. 워낙 초기에 시안 내륙에 진출하다 보니 주변에 도움을 받을 길도 많지 않아 초기 법인설립과 소방허가, 위생 허가 등을 취득하는 데 많은 어려움을 겪었다. 특히 소방국을 대응하는 게 가장 힘들었다고 한다. 현지 직원들을 관리하는데 있어서는 서비스 마인드 개선이 어려움 중에 하나였다. 미용업 특성상 서비스 마인드가 매우 중요한데 중국 내륙지역이 대부분 비슷하겠지만 시안 역시 현지 직원들의 서비스에 대한 개념 자체가 매우 익숙치 않아 이 부분을 교육하는데 많은 노력과 시간을 들였다고 한다. 그러나 중국 사업의 경험과 시간이 적지 않아 사업을 운영하는 데 큰 어려움은 겪지 않고 있다고 한다.

그러나 초기에 한국 헤어 브랜드를 도입하여 프랜차이즈를 추진했을 때는 어려움이 있었다. 최신 유행 개념의 고급 헤어숍 프랜차이즈는 초기 성공적으로 진행되어 중국인 투자자들의 많은 참여가 있었는데, 시간이 갈수록 모방 브랜드가 늘어가고, 중국인 가맹점들이 모임을 결성하여 가맹비 납부를 거부하는 단체 행동을 하는 등 문제가 가중되어 결국 프랜차이즈 사업은 정리하고, 사업권도 모두 개별 가맹 중국인들에게 넘기는 것으로 정리하고 만 것이다. 초기 중국 프랜차이즈를 진행하면서 중국인들의 상관행을 이해하지 못하고, 적절한 법적 대응을 하지 못한 한계에 부딪힌 것이다. 현재 아직도 중국에서는 지적재산권에 대한 보장이 완벽하지 못하고, 중국 내륙은 더 심한 상관행이 있기 때문에, 중국 사업을 준비하기 전에 보다 철저히 준비할 필요가 있다는 사례를 보여준다고 하겠다.

독특한 메뉴 차별화, 중국 속으로(G한식당)

앞의 여러 사례에 비해 이 식당은 완전히 중국화를 목표로 프랜차이즈 가게를 운영한 사례다. 시안에도 뚜레쥬르나 카페베네와 같이 이미 들어와 있는 프랜차이즈가 많지만, 실제 성공적으로 운영되고 있는 매장은 그리 많지 않다. 그러나 이 식당의 경우는 한국에서도 매우 성공적으로 운영되던 갈매기살 구이전문 매장인데, 중국인들을 대상으로 차별화 전략을 구사하며 중국 각지에서 매장을 넓혀가고 있다. 우선 매장의 위치가 차별적인데, 상기 사례 대부분 한인밀집지역인 뤄다나 이취위엔에 설립된 데 반해 이 식당은 중국인들이 주로 찾는 상가 옆에 2층을 임대하여 가게를 운영 중이다. 메뉴는 비교적 단순한데 단순한 고기 메뉴에서도 다양한 종류로 맛을 고를 수 있게 하였고, 소스도 다양한 종류를 제공하여 최근 새로운 것을 찾는 중국 젊은층의 입맛을 공략하고 있다. 필자가 몇 번 방문했을 때마다 자리가 없어 기다리는 경우가 많았고, 기다리는 손님에게는 중국의 유명한 훠궈집 '하이디라오'와 같은 다양한 서비스를 제공했다. 철저히 중국 젊은층의 취향을 반영하여 중국식 식당 시스템으로 운영한 사례로 느껴졌으며, 2016년 현재에도 많은 중국인들의 발길이 끊이지 않고 있다. 우리 소상공인이 중국에 진출할 때 철저히 중국인들을 상대로 해야 한다는 교훈으로 생각된다.

이상의 사례 외에 다양한 투자진출 사례가 있으나, 대부분 절차가 대동소이하고, 현지에서 겪는 애로 사항도 비슷하다고 볼 수 있다. 사례 중에 언급되지 않은 업종 중에 부동산중개업이 있는데, 역시 한국 부동산이 시안에도 진출해 있다. 특이점은 중국 내 부동산중개업은 한국과 달리 별도의 공인중개사 자격증이 필요 없다는 점이다. 그러나 한국과 달리 부동산 물건에 대한 전산정보가 전체적으로 공유되어 있지 않아, 그 지역 부동산업체 몇 군데를 돌아다녀 봐야 전체적인 물량을 확인할 수 있다는 점이다. 한국 부동산 역시 적정한 매물을 찾기 위해서는 많은 발품을 들여야 한다는 한계가 있지만, 이러한 시스템적 낙후성이 우리에게는 오히려 기회가 될 수도 있다.

그러나 전체적으로 우리가 이러한 사례에서 알 수 있듯이, 시안 지역의 진출 시 특이점과 대응해야 하는 포인트가 무엇인지 정확히 분석하고 중국인을 대상으로 한 영업 전략이 반드시 필요하다는 점은 우리가 명심해야 할 부분이다. 우선 중국 시안은 소방검사 인허가가 매우 까다롭다. 사전에 어떠한 절차를 통해 대응해야 하는지 현지 컨설팅 법인 등을 통해 철저히 준비하지 않으면 사업 준비를 다해 놓아도 인테리어 공사부터 막히는 사태가 발생할 수

도 있기 때문이다. 이제까지의 사례를 통해 중국 시안에서의 소상
공인 현실 이해에 도움이 되었기를 바라며, 시안에 관심이 있는 분
들에게 기회의 땅인 만큼 준비도 철저해야 한다는 인식을 가지는
계기가 되었길 바란다.

제7장

한국 중소기업의
신서유기 전략

중국의 한국 기업 투자유치 총력전

한국 기업이 매력적인 이유

중국의 각 지방정부에서는 한국 기업 투자유치에 남다른 애정과 열정을 보인다. 시안의 경우 급속히 올라가는 쇼핑센터마다 한국 전용관을 설치하겠다고 한국 정부기관에 협조요청을 하는 상황이고, 한 쇼핑센터는 아예 이름을 '한국성'이라고 명명하며, 한국 CGV와 유명 프랜차이즈를 유치하여 추진하겠다고, 거액을 들여 한국 유명 연예인을 초청한 공연을 추진하기도 했다. 물론 비어있는 상가를 활성화시키기 위한 궁여지책으로 평가할 수도 있지만, 한국 상가 및 기업을 유치하겠다는 열정은 다른 나라에 비해 유독 남달라 보이기도 한다. 산업단지의 한국 기업 유치 애정 공세는 더욱 적극적이다. 산시성에서는 상부의 지시에 따라 한국기업전용산업단지를 지정하고, 한국중소기업청과 MOU를 체결하면서 한국기업유치를 위해 매년 2~3회 한국 방문단을 이끌고 와서 투자유치 설명회를 진행 중이다. 중국 포털사이트에서 검색하기만 해도 중국 전역에 최소 15개 지역에서 한국기업산업단지를 조성하여 운영하거나 건설 계획 중에 있고, 지방정부마다 명함을 한국어로 준비하고, 한국어가 가능한 투자유치 전담 인력을 보강하는 등 공을 들이고 있다.

이처럼 한국 기업의 투자유치에 중국 지방정부가 공을 들이는 이유는 무엇일까? 현지 중국 지방정부 투자유치 공무원의 의견과 전반적인 여건을 감안할 때 한국 기업이 매력적인 몇 가지 이유가 있다.

첫째는, 아무래도 현재 중국과 한국의 상호 우호관계가 어느 때보다 무르익어가고 있는 현상이 배경이 되었을 것이다. 실제로 2014년 박근혜 대통령이 산시성 시안을 방문한 이후, 산시성 성장은 직접 한국 기업 유치를 위한 전문산업단지의 건설을 지시했고, 바로 시안 서북지역(셴양시)에 '한국 기업산업원'을 건설하기 시작했다.

둘째는 문화적인 동질성과 지리적인 근접성이다. 대만과 홍콩, 싱가폴을 제외하면, 중화민족권역에 속하지 않으면서 상위의 산업 경제수준을 이룬 나라는 한국밖에 없기 때문이다. 물론 일본이라는 선진국이 있어서 중국 개방 초기에는 일본 기업의 투자가 많았지만, 최근 중국 내에 반일 감정이 깊어가는 문제와 더불어 일본에서도 중국 굴기에 경계의 눈초리를 보내며 투자를 줄이고 동남아 진출을 확대하고 있는 추세다.

셋째로는 한국의 주요 산업군과 성장 수준이 중국에 바로 적용하기 적당한 기술력인 경우가 많기 때문이라고 생각한다. 물론 반도체와 친환경산업, 농산품가공과 같은 중국에 바로 필요한 기술이 한국에 많은 이유도 포함될 것이다. 어느 정도는 중국이 한국산업을 바라보는데 거품이 끼어 있는 것도 사실이지만, 중국 내륙도시나 지방도시들은 아직도 한국을 경제산업분야에서 매우 선망의 시선으로 바라보고 있는 게 현실이다. 이러한 한국 경제와 한국 기업의 매력에 빠져있는 중국이 한국 쇼핑센터를 만들고, 한국산업단지를 건설하는 추세는 중국 기업과 경제가 자신이 생길 때까지는 당분간 이어질 것으로 본다. 물론 그리 오래가지는 않겠지만….

한중 FTA와 중국 내 한중산업단지의 난립

2015년 5월 한중 FTA가 정식으로 타결되면서, 중국 내에서는 FTA 효과를 노린 한중산업단지 건설 및 투자유치가 급속히 증가하게 되었고, 중국 지방정부의 한국행도 빈번해지기 시작했다. 실질적으로 한중 FTA상에 명시된 지정 한중 FTA 시범구는 한국에는 '새만금한중경제협력산업단지'가 유일하고, 중국은 웨이하이(威海), 옌청(鹽城), 광둥성(廣東省) 세 곳이다. 그러나 중국 현지에는 너도나도 한중 FTA 중점산업단지를 주장하며, 한중산업단지를 운영하고 있다. 2016년 상반기에 온라인으로 검색된 한중산업단지만 15개 지역에 이르고, 발표되지 않았지만 건설을 추진하고 있는 중국 지방정부 산업단지는 더 늘어나고 있다.

아래 도표에 나열한 자료에 보듯이 특정 지역을 가릴 것 없이, 동북지역, 산동지역, 강서지역, 서부내륙지역, 광동남부지역에 한국산업단지를 건설했거나, 건설 중에 있다. 산시성의 경우 한중산업단지를 3구역으로 나누어 지정하고, 한국 기업 유치에 열을 올리고 있는데, 함양지역 A구와 B구는 문화산업 및 의료산업, 하이테크산업을 중점적으로 유치하고자 하며, 가오링현에 있는 C구역은 기계장비 및 제조업을 유치하려는 계획을 가지고 있다. 현재 중국 내 한국산업단지 표에는 나타나지 않았지만, 허난성 북쪽의 인구 300만 명의 작은 도시 자오쭤시(焦作市)에서도 한국산업단지 부지를 지정하여 개발 계획을 추진 중에 있다. 그야말로 한중산업단지의 난립이라고 부를만 하다. 필자는 각 지역을 방문할 때마다 한중산업단지를 소개받으며, 적극적인 한국 기업의 유치 부탁을 받곤 하는데, 내심으로는 이 많고 넓은 산업단지를 다 소화할만한 한국 기업이 정말 있기는 할까 하는 의구심이 앞서는 것은 어쩔 수 없는 현실이다.

한국 기업의 한중산업단지 소화 능력은 차치하고라도 문제는 또 있다. 각 지방정부 한중산업단지마다 기업을 산업분야별로 가려서 유치하고자 한다는 것이다. 쉬운 말로 오염을 발생시키는 저부가가치 제조업은 들어올 필요도 없고, 굳이 온다고 해도 투자유치 혜택은 전혀 없다고 보면 될 것이다. 이들이 요구하는 기업은 하이테크기술, 친환경산업, 에너지 절감 등 고부가 가치 산업군이다. 한국에 있는 기업을 모두 유치해도 현재 한중산업단지를 채울 수 있을지 모르는데, 그중에 알짜 한국 기업만 유치하려는 이들의 속내를 어찌 받아들여야 할지 난감할 때가 종종 있다. 어찌 되었든 한국 기업을 환영하는 중국 정부의 열정과 노력은 감사히 받아야겠지만, 한국산업단지라는 이름에 현혹되어 대단한 혜택을 받을지도 모른다는 섣부른 투자 판단은 조심해야 할 일이다.

한국 기업 투자유치 그날 이후

대부분의 중국 지방정부에 해당하는 사항은 아닐지 모르지만, 최근 한국 기업이 중국에 투자진출하여 공장을 설립한 이후 여러 가지 애로 사항이 나타나는 게 사실이다. 엄밀히 말하면 중국 지방정부에서 투자유치를 적극적으로 하지만, 이는 지방정부 내의 상무부서나 초상국의 업무이다. 투자진출 시 모든 애로를 해소해 주겠다는 약속 역시 투자를 유치하는 부서의 의지와 희망 사항일 뿐이라는 이야기다. 현지에 법인을 설립하고 공장을 건설한 후 가동하기까지는 모두 인허가의 과정이다. 노동감찰국, 공안국, 소방국, 국세국 등 지방정부 산하의 각종 타부서 입장에서 한국 기업은 해당 지역에 투자를 해준 고마운 기업이 아니라, 감독하고 제한하고 규제해야 할 외국기업일 뿐이다. 일부 내륙지역 지방정부는 이러한 외국기업을 상대해 본 적이 없어 규제를 위한 규제를 만들어 내기도 하고, 시간이 돈인 기업에게 인허가를 지연시키는 일도 다반사로 이루어진다. 초기에 투자유치를 했던 상무부서나 투자유치국에 하소연을 해봐도, 그 부서에 무슨 권한이 있어 감독권한부서를 막아주겠는가. 결국 아무런 준비와 조사 없이 투자유치국의 좋은 말에만 현혹되어 투자를 시행한 경우에는 험난한 수업료를 내야 하는 길만이 있을 뿐이다.

중소기업에 적용되기는 어려운 사례이긴 하지만 한국 기업이 투자 이후 중국 정부의 조치에 얼마나 무력하게 당할 수 있는지 보여주는 예가 있다. 2015년 산시성 시안에는 삼성SDI가 6억 불을 투자하여 전기자동차 배터리공장을 설립했다. 물론 산시성 정부의 엄청난 요청과 투자유치 노력에 따라 삼성이라는 대기업이 투자를 결정하였음은 당연한 예상이다. 그러나 설립하여 가동한 지 1년이 되지도 않은 시기에 중국 중앙정부에서 삼성이 생산하는 배터리에 대한 보조금 혜택을 중단했다. 자동차용 전기 배터리는 정부 보조금 없이는 영업을 할 수 없는 산업분야이기 때문에 삼성SDI는 직격탄을 맞았고, 바로 공장 가동이 전면 중지되었다. 중앙정부에서는 나름 이유를 가지고 중단조치를 취했을 터이지만 문제는 산시성 정부의 태도였다. 심지어 투자유치기관인 산시성 상무청 담당 부서장은 일정 기간 동안 해당 사실조차도 모르고 있었고, 성정부 내에서는 어떠한 지원방안 고려나 조치도 없었다. 결국 한국 중앙정부의 공식적인 요청과 적극적인 해결 노력으로 해결의 실마리가 보이고 있지만, 한국 기업의 투자유치 이후 중국 지방정부의 대응 자세를 적나라하게 보여준 사례라고 생각된다. 대기업이 이럴진대 중소기업에게는 해결의 방법이라도 있을지 모르겠다.

\<중국 내 조성 중인 한국 기업 산업단지 현황>

지역	명칭	설립시기	위치	산업분야
충칭시 (重庆市)	충칭 중한 산업단지	2011.09	양강신구	전자산업을 중점으로, 문화창조와 디지털 엔터테인먼트 등 신흥 산업을 적극 육성하고 신에너지 등 기타 산업도 발전 예정. 한국 우세 제조산업과 문화창조산업을 목표로 하는 첨단산업기지.
간쑤성 (甘肃省) 란저우시 (兰州市)	란저우 신구중한 산업단지 (기업본부기지)	2016.01	란주신구	정밀화공, 신자재, 장비제조, 자동차, 전자, 금융서비스, 국제 전자상거래, 현대농업 등 산업. 동시에 문화창조, 연구개발 서비스, 국제 협력 서비스 등 산업도 적극 육성하고 신에너지설비, 생물과학 등 기타산업도 발전 예정. 동시에 LCL(综合集拼), 보세 화물 보관, 화물 분류 및 국제적 환승 등 업무 발전. 중점적으로 제3자, 제4자 물류를 발전시켜 물류공급 사슬을 늘려 한국 우세 제조산업 및 문화창조산업을 위주로 하는 첨단산업기지.
산둥성 (山东省) 옌타이시 (烟台市)	옌타이시 중한 산업단지	2015.06	옌타이시 양익	서구(西区): 첨단장비 제조, 신에너지와 에너지 절감 및 환경보호, 전자정보, 해양 등 신흥산업. 동구(东区): 생명과학 등 신흥산업과 금융보험, 문화창조, 여행과 레저(旅游休闲) 등 현대 서비스업.

산둥성 칭다오 (靑島市)	칭다오 중한창신 산업단지	2014.08	칭다오 서해안신구	첨단 서비스업은 생명건강산업을 두드러지게 할 계획이고, 북측은 첨단제조장비, 기계장치, 연구개발, 공업 4.0.
산둥성 웨이팡 (濰坊)	중한 웨이팡 산업단지	2015.09	경제구 산업단지, 빈하이신구 산업단지	경제구 산업단지는 중한웨이팡산업단지의 초기개발구역으로 주로 한국의 경기도와 서울시의 전자정보, 정밀제조 등 기업을 끌어들임. 빈하이에 건설 중인 한중웨이팡산업단지 빈하이신구 단지는 주로 한국의 경기도와 서울시의 장비제조, 정밀화공 등 기업을 도입하려 함.
산둥성 웨이하이시 (威海市)	중한 (웨이하이) 산업단지	2016.01	웨이하이 경제기술 개발구	지능의료, 지능전자, 지능장비, 해양건강, 해양환경산업.
산둥성 르자오시 (日照市)	중한 자동차부품 산업단지	2011년	르자오 경제기술 개발구	자동차 엔진, 변속기, 몰드, 차축 등 자동차 핵심부품 산업.
장쑤성 (江蘇省) 옌청시 (盐城市)	중한 옌청 산업단지	2015.06	옌청 경제기술 개발구	자동차, 현대서비스업, 지능장비업, 광전일체화산업, 신에너지 및 장비산업, 린강(臨港)물류산업, 중형장비제조업, 녹색농업, 신자재산업, 항구물류산업 등 10대 산업.
광둥성 후이저우시 (惠州市)	중한 후이저우 산업단지	기획 중	후이저우시	미언급

길림성 (吉林省) 둔화시 (敦化市)	중한 과기 산업단지	2015년	둔화시 경제개발구 공업단지내	미언급
길림성 연변 (延边州)	중한(연변) 산업단지	2015년	훈춘, 연길, 안도, 도문	훈춘: 현대물류와 자동차부품 가공산업 위주. 연길: 중약재건강산업과 현대물류, 전자정보, 국제전자상거래 등 현대 서비스업. 안도: 동북아시아를 향한 생수 및 공능성 음료기지. 도문: 가전제품, 자동차, 저자, IT 등 산업.
흑룡강성 (黑龍江省) 안다시 (安达市)	중한 과기 산업단지	2014.05	안다시	LED 개발기술, 질석(蛭石)신자재기술, 인터넷 증속기 기술을 에워싸고 신형 창신 과기 서비스 플랫폼을 건설.
저장성 취저우시 (衢州市)	중한 (취저우) 산업합작원	2016.04	취저우 경제기술 개발구	화공신자재, 화학섬유, 플루오르(含氟)화학품, 막(膜)자재, 중공장비 등 산업.
쓰촨성 쯔양시 (资阳市)	중한 (쯔양) 산업단지	기획 중	쯔양시 성남(城南) 공업발전구	자동차 및 부품생산, 장비제조업, 저자정보, 생물의학, 식품가공, 현대물류 및 상업무역서비스업.
산시성 (陝西省)	중한 산업단지 A구, B구	2015.09	함양개발구	전자기능 신자재, 전자부품 및 모니터 생산제조, IT산업, 소프트웨어산업, 문화여행, 신에너지 및 삼성프로젝트 협력 등 산업.

산시성 (陜西省)	중한 산업단지 C구	2014년	고릉현	자동차 및 부품산업, 신에너지 및 절감산업, 신자재산업, 전자정보산업, 생물의약산업, 미용화장품산업, 국제전자상거래산업.

옌청경제기술개발구와 한중산업원

상기의 사례와 대조적으로 한중산업단지를 매우 모범적으로 운영하며 관리하고 있는 곳도 있다. 인구 8백만 명의 장쑤성에 있는 도시 옌청은 상하이 북쪽에 약간 떨어져 있는 잘 알려지지 않은 도시지만, 이 도시에는 기아자동차와 현대모비스를 비롯한 한국기업 600여 개가 진출해 있다. 도로표지판은 모두 한국어가 병기되어 있고, 옌청시개발구 주임과 면담 시에 방문했을 때도 관련 공무원 모두 한국어 명함을 소지하고 있었다. 물론 한국어가 가능한 공무원과 행정원도 다수가 포진되어 있어 옌청개발구와 한중산업단지를 방문하는 데 전혀 문제가 없을 정도였다. 이들의 개발구와 한중산업단지 활성화에 대한 노력은 놀라울 정도였는데, 옌청개발구 주임은 한국투자방문단을 접대하고 나서도 밤 12시까지 관계공무원들을 모아놓고 더 나은 투자유치 홍보방안에 대해 토론을 한다고 한다. 그리고 앞서 삼성SDI 사례와 비교되는 점은 기아자동차의 중국 내 판매량이 감소하면 어려움을 겪자, 옌청시의 모든 관용 차량을 기아자동차로 교체하고, 심지어 지방정부 예산으로 기아자동차를 구매하는 사람에게 보조금까지 지급했다고 한다. 여기서 끝이 아니다. 중국 내 각 지역에 한인사회에는 한국인을 위한 국제학교를 짓는 것이 꿈이다. 거의 대부분 부지와 예산확보에 어려움으로 지지부진한 경우가 많은데, 옌청개발구에서는 자체 예산 3천만 위안(한화 55억 원 상당)을 투입하여 직접 한국 기업 자녀를 위한 외국인학교를 설립했다. 단순히 산업단지를 채우기 위한 투자유치가 아니라 진출한 한국 기업의 성공을 위해 끝까지 함께 지원하는 개발구의 노력은 솔직히 한국에서도 배워야 할 만큼 인상적인 것이었다. 물론 모든 중국 경제개발구에 이러한 혜택을 기대하기는 어렵다. 그러나 우리가 중국에 있는 한국산업단지를 바라볼 때, 어떠한 한국산업단지에 들어가야 할지는 참고해볼 만한 사례가 아닐까 한다.

02

한국 중소기업의 진출전략

중국 산업 변화의 흐름 이해

주요 언론과 각종 보고서를 통해 중국의 저성장기조 속에 제조업은 한계에 달했고, 중국에 투자진출이 어려워졌다는 정보는 많이 접했을 것으로 본다. 물론 모두가 알다시피 중국은 더 이상 저임금 노동력을 활용한 제조업기지가 아니다. 그것은 외자기업뿐만 아니라 중국 국내기업도 똑같이 겪고 있는 어려움이고, 경제성장 과정에서 중국이 겪어야 할 기업구조조정의 산통이라고 할 수 있다. 그러나 인건비가 올라가고, 중국의 수출이 감소되고, 경제 성장률이 낮아진다고 하는 현실이 중국의 미래 가능성까지 소멸시켜 버리는 것이 아니다. 얼마 전 알리바바의 마윈은 "중국이 향후 20년간 계속 다른 나라가 부러워하는 성장세를 이어갈 것"이라고 밝혔다.[31] 중국이 강

---

31) 박은경, 「마윈 "중국 경제는 20년간 남들이 부러워하는 성장세 유지할 것"」, 『경향신문』, 2016.04.20.

력한 부정부패 척결과 아픈 구조조정을 통해 비효율적이고, 비정상적이었던 경제성장 방식을 정상화시키고 있고, 그 과정에서 아픈 성장통을 겪고 있는 게 현재 중국의 경제 모습이다. 그럼에도 6% 이상의 성장세를 유지하며, 구조조정을 단행해 나가고 있는 것은 오히려 놀라운 중국 경제의 저력이라고 생각된다.

홍콩중문대학 랑셴핑 교수는 이러한 정상경제시스템으로의 전환이 바로 '신창타이'를 의미하는 것이며, 이것이 성공적으로 진행될 때 중국은 진정한 세계 리더 국가로 굴기하게 될 것이라고 했다. 우리는 중국제조업의 한계와 기존 성장방식의 변환을 너무 부정적으로만 보고 있는 듯하는 모습이 우려스럽다. 중국은 내수촉진과 서부 대개발, 실크로드 일대일로 정책 등을 통해 경제체질을 변화하는 노력을 꾸준히 진행하고 있다. 외부 언론이나 서방국가의 비판은 전혀 아랑곳없다. 우리도 이러한 중국 경제산업환경의 변화를 빨리 인식하고 기회를 찾아야 할 것이다. 중국 내에는 아직 내륙개발 신도시의 잠재개발가치가 계속 떠오르고 있고, 노인산업, 유아산업, 친환경산업, 에너지산업에 대해서는 매우 적극적인 산업육성정책을 시행하고 있다. 또한 온라인 전자상거래 산업도 눈여겨보아야 할 것이다. 리커창 총리가 진두지휘하고 있는 인터넷+@ 정책은 중국산업유통의 지도를 모두 바꾸는 새로운 시장을 만들어 낼 것이고, 그 한계와 확장성은 아무도 알 수 없는 상황까지 이르렀다.

중국 투자유치의 두 얼굴

한중 FTA 체결 이후 중국에는 수십 개의 한국 기업 유치를 위한 전용산업단지를 건설하고 있고, 한국 기업의 선진기술을 활용한 산업발전을 모색하고 있다. 앞서 다른챕터에서도 언급한 바 있지만 중국의 현재 전략산업은 한국과 중복되는 분야가 많고, 반도체 등 일부분은 한국의 기술이 앞서있다. 중국이 투자유치하고 싶어 하는 분야는 바로 이 분야이다. 한국 기업 전용산업단지라고 혜택을 줄줄이 읊어대지만, 결국 자신들이 원하는 산업분야의 진출이 아니면 환영받기 어렵다. 물론 환영받고 들어와서 공장을 건설하고 나면, 소관부서가 달라지면서 여러 난관에 봉착하는 현실은 또 다른 문제다. 필자가 방문했던 한국 기업전용산업단지의 조건을 들어보면 기본적으로 거의 대동소이하다, 일단 과거 기본적인 우대정책은 중앙정부의 지침에 의해 모두 폐지되었다고 보면 된다. 지방정부는 자체적으로 우대혜택을 주겠다고 유혹하지만 이것은 중국이 필요한 기술을 가지고 오는 기업에만 해당되는 특별대우이다. 일단 오염물질을 배출하는 기업은 안된다. 단순 제조가공업도 승산이 없다. 중국에서 요구하는 기업은 친환경기업, 반도체산업과 같은 하이테크 기술기업, 신재생에너지기업, 온라인기반 문화산업관련 기업 등이다. 이런 산업이라면 중국 측과 최대한 협상을 이끌어내어 좋은 조건으로 투자할 수 있는 기회들이 중국 내륙 2~3선 도시에 열려있다. 그러나 그렇지 않다면 중국 진출을 다른 방향으로 고민해볼 필요가 있겠다. 중국투자유치의 속셈을 알아야 우리가 대응책을 세울 수 있지 않은가.

중국 현지 네트워크의 이용

중국을 진출하는 데 있어서, 현지의 다방면에 네트워크가 구축되어 있지 않다면, 초기 안착부터 시장진출에 이르기까지 단계마다 어려움을 겪을 가능성이 매우 높다. 여기서 말하는 현지 네트워크는 중국 각 지역 한국상회나 중국에서 사업을 해본 한국중개인, 조선족 등을 말하는 것이 아니다. 우리가 주변에서 쉽게 정보를 획득할 수 있고, 누구나 주변에서 접촉할 수 있는 네트워크라면 그건 자신만의 네트워크도 아니고 실질적으로 활용가치도 높지 않을 것이다. 물론 중국을 진출함에 있어서 한국 정부기관이나 한국상회의 도움은 필수적이다. 그러나 그 정보만으로 의사결정을 하기에는 리스크가 너무 크다는 것이다. 필자가 얘기하고자 하는 네트워크는 어디까지 중국본토인 네트워크다. 중국 내에서 한국 기업 중에 아직까지 큰 어려움 없이 꾸준히 사업을 영위하고 있는 곳은 대부분 기업대표가 중국인 여성과 결혼한 경우가 많다. 중국인 배우자를 통해 중국 내 네트워크를 확대하고, 조금씩 강화해나가면서 신뢰를 바탕으로 사업을 운영하는 것이다. 중국인의 신뢰를 얻는 것은 생각보다 쉽지 않다. 중국인이 의심이 많다는 속설은 비즈니스분야에서는 적어도 어느 정도 적용이 되는 듯하다. 그러나 이러한 중국인 네트워크를 절대 '꽌시'와 오해하지 않길 바란다. 우리에게는 이미 부정적인 의미로 각인된 이 '꽌시'는 개혁개방 초기에 부정부패가 어느 정도 용인되던 시기의 단어이다. 현재 중국 내륙지역까지 중앙정부의 강력한 부정부패 척결조치가 시행되면서 중국공무원들은 저녁식사조차 외부와는 하지 않고 있는 상황이다. 중국인과의 네트워크란 상호이익이 되는 관계구축을 의미한다. 술 한잔 마시고 형님 동생을 찾아가며 만들어진 관계가 아니고 중국 인의 이해관계를 고려하여, 시간을 가지고 신뢰를 바탕으로 맺어 진 관계이다. 중국인에게 신뢰를 주는 자기인(自己人)의 범주에 들어 가면, 중국 파트너는 향후 생각보다 많은 기회를 주게 될 것이다. 물론 한국에서 중국에 처음 진출하는 기업이거나, 중국에 연고나 경험이 없는 기업은 이러한 네트워크를 찾는데 무척 어려움을 겪 을 것이다. 그러나 한 번에 빨리 네트워크가 만들어지는 것은 당연 히 어려운 일이고 빨리 만들어진 관계는 그만큼 빨리 깨질 수도 있다. 다행히 현재 중국에서는 한국 기업 투자유치에 열성을 보이 고 호감도가 높아 전시회나 각종 정부행사에서 접촉할 기회가 많 을 것이다. 이런 기회를 적극 활용하고 중국에도 자주 찾아와 현 지조사를 하는 노력이 필요하다. 쉽게 얻을 수 있는 것은 네트워 크가 아니다.

틈새시장 발굴의 기회

1990년대 이후 중국은 생산하는 데로 수출하면서 경제를 성장시 켰다. 저가의 노동력으로 앞서가는 제품과 디자인을 그대로 모방 한 제품은 미국, 유럽을 중심으로 한 선진국에 날개 돋힌 듯 팔려 갔고, 중국 기업들은 연구개발이나 기술력 강화에 별다른 고민도 없이 외형 불리기에만 관심을 가졌던 것이다. 너도나도 회사를 만들고, 대충 베껴서 싸게만 만들면 되는 시절이었으니 중국 기업의 경쟁력은 장기적일 수 없었고, 그러한 문제점은 현재 중국 기업의 줄도산으로 이어지고 있는데, 이는 중국 기업의 창의력과 원천기술의 부족에서 오는 한계라고 보인다. 최근 중국 정부는 창의적인 중국 젊은이들의 창업을 독려하고, 창업카페를 성행시키는 등 바람을 일으키고 있는데, 필자의 관점에서는 크게 변화가 쉽지 않을 것으로 보인다. 왜냐하면, 중국의 젊은 대학졸업생들의 창의성이 선진국뿐만 아니라 우리나라에 비해서도 떨어질 가능성이 높기 때문이다. 이유는 단순하다. 중국은 대학생들조차 책을 많이 읽지 않는다. 중국의 중·고등학교는 물론이고, 대학에서조차 학생들은 교수의 수업에서 질문이 거의 없다고 한다. 교과서 위주로 주입식 교육을 받는 데 익숙해져 있으며, 질문과 토론을 통한 학습문화가 익숙치 않은 것도 원인일 수 있겠다. 또한 TV에서 나오는 드라마 역시 천편일률적이다. 항일전쟁, 국공전쟁, 청나라시대 역사사극, 무협드라마 등이 50개가 넘는 채널을 거의 대부분 장악하고 있고, 현실을 다루는 드라마 역시 중국 정부의 검열을 받고 있어, 불륜의 내용이 나오면 방영이 금지되는 등 제약이 심하다. 한국 드라마가 완성도가 높은 면도 있지만 중국에서 인기가 있는 원인은 이러한 중국 내 다양성의 부족에 그 원인이 더 크다.

중국 기업의 창의성과 기술력은 이러한 원인으로 아직 우리에게 기회가 있고, 중국 내륙으로 들어오면 이러한 현상은 더 심해진다. 그러나 이러한 중국 기업은 자본이 있고, 중국 내에서 돈을 벌 수 있는 수단을 가지고 있다. 실제로 필자에게 자본과 시장을 댈 테니 기술력을 가진 한국 기업을 추천해달라고 하는 제안을 많이 받고 있다. 그러나 앞서도 언급한 바와 같이 중국 내 진출을 검토할 때는 중국에서 필요로 하는 아이템을 우리의 무기로 장착해야 하고, 그 무기로 중국인들이 몰려있는 레드오션을 피해 틈새시장을 찾아야 한다. 틈새시장의 사례로 한 가지 제안한다면, 의외로 중국 내륙시장에서 농업이 가능성이 있다고 보여진다. 사실 중국 내륙지역은 동북지역 못지않게 농업이 발달해있고, 거대한 농지를 활용한 농업생산량은 아직도 지역경제에 기여하는 바가 클 정도로 농업은 얼핏 레드오션으로 보일 수도 있다. 그러나 시안에서는 이러한 레드오션 사이에 틈새시장을 개척한 한국 기업사례가 있는데 바로 한국 친환경비료를 활용한 채소재배 및 배송사업이다. 이 기업의 사업방식은 비교적 단순하다. 중국의 넓은 농지를 임대해, 한국에서 가져온 친환경비료를 이용해 채소를 재배하고, 정기적으로 중국 고위소비층을 농장으로 초청해 친환경 재배시설을 보여준 뒤 재배된 채소로 삼겹살 시식행사를 진행하는 것이다. 물론 무료가 아니다. 그러나 그 반응은 폭발적이었다. 중국 내에서 가장 큰 이슈가 되었고, 지금도 중국인들이 걱정하는 것이 바로 먹거리 안정성이다. 중국인의 농산물에 대한 신뢰 부족이라는 틈새시장을 공략한 것이고, 소득이 높은 중국인들에게는 전략이 먹혔다. 중국 농산물에 비해 거의 5배 이상 고가이지만, 한번 눈으로 확인하고 시식해본 중국인들은 농산물 정기배송을 신청했고, 2015년도에 명절시기가 되면, 선물용 채소 세트가 없어서 판매를 못할 정도가 된다고 한다. 약간의 기술력과 한국의 친환경이미지, 그리고 중국 고위층을 타깃으로 한 마케팅이 절묘하게 어우러지면서 성공적인 사업정착이 이루어진 것이다. 또한 중국 내에서는 친환경이라고 하면, 해당 지방정부에서 각종 혜택과 홍보지원이 가능하므로, 이러한 간접홍보 효과까지 이용할 수 있으면 금상첨화가 될 수 있는 것이다. 이외에도 중국에서는 노인산업과 친환경산업, 에너지산업, 농산품 가공산업 등에 아직까지는 기회가 열려있다. 산시성만 해도 시안만 있는 것이 아니다. 한중시, 상뤄시, 보계시, 연안시 등 각 지역별로 독특한 장점을 가지고 있고, 특색있는 사업개발 여지 또한 많다. 창의적이고 차별적인 기술력을 가지고 중국인들이 미처 생각하지 못한 틈새시장을 공략한다면, 중국 내륙시장 진출의 가능성은 한국 기업에게 여전히 유효하다. 다시 한 번 강조하지만 우리나라 기업의 기술력과 창의력 개발이 향후 미래 중국과 경제협력에 있어 필수가 될 것으로 보인다.

중국 진출 지원 정부사업 활용 팁

　1992년 한중수교 이후, 양국 간의 교류는 역사적 유래를 찾아보기 어려울 만큼 급속하게 성장하였고, 교역액은 3,000억 달러를 초과하면서 한국으로서는 중국이 1위 무역대상국으로 등극했다. 양국 간의 민간 교류는 2,000만 명을 넘어서면서 바야흐로 중국은 우리가 피할 수 없는 경제협력대상국이 되었고, 우리 기업들이 개척해야 할 거대한 시장으로 다가왔다. 이러한 교류협력강화 추세에 따라, 다양한 한국 정부기관에서도 우리 기업의 중국 진출을 돕고 있고, 앞으로 그 지원사업은 점차 늘어갈 것이다. 기업 입장에서도 개별적으로 뚫기 어려운 중국 시장을 검토하면서 한국 정부기관의 지원은 필수적으로 활용해야 할 필요가 있다. 코트라, 중소기업진흥공단, 한국무역협회 뿐만 아니라 각 지자체에서도 다양한 수출지원정책을 펼치고 있으니 자신에 맞는 정보를 최대한 활용하여 중국이라는 시장을 두드리는 것이 안전한 방향이라고 생각한다.

그러나 수출지원정책의 창구가 다양하고, 매년 각 기관 및 정부에서 수없이 많은 수출지원정책이 쏟아지는데, 실제 현장에 있는 기업 입장에서는 어느 것이 자신에게 맞는 정책이고, 어떠한 방법으로 활용해야 하는지 어려움을 겪는 경우가 많은 게 현실이다. 지면의 한계로 유관기관의 모든 정책을 다 소개할 수는 없지만, 주요 지원정책과 이러한 정보를 활용하는 방법에 대해 간략하게나마 정보를 공유하고자 한다.

우선 지원기관별 특성을 이해할 필요가 있다. 우선 중소기업의 수출지원을 위해 다양한 정책을 입안하는 기관으로 '중소기업청'이 있다. 중소기업청은 기관이라기보다 정부이기 때문에 다양한 수출지원정책예산을 편성하고, 수출지원 하부기관을 컨트롤한다. 그다음으로 대한무역투자진흥공사(KOTRA)가 있다. 해외수출을 고민하는 기업들은 모두 한 번씩은 들어보거나 사업에 참여한 경험이 있을정도로 해외수출지원에 특화된 기관이다. 한국 수출 초기에는 대기업 중심의 지원정책이 다수였으나, 최근에는 중소기업을 위한 수출사업을 다양하게 추진하고 있으며, 중국 내에도 19개의 무역관 거점을 운영하고 있어, 중국의 웬만한 지역에는 모두 사무소가 있다고 볼 수 있다. 산업통상자원부 산하인 KOTRA는 공사개념으로 정부의 수출수탁사업 업무가 많고, 현지 바이어발굴 등 네트워크기반 강점을 보유하고 있다. 그리고 국내에서 중소기업이 수출지원사업에서 자주 접할 수 있는 '중소기업진흥공단'이 있다. 2008년 해외지원사업효율화 조치로, 해외현지지원업무는 KOTRA가, 국내지원업무는 중소기업진흥공단이 추진하기로 정리된 이후 중소기업진흥공단은 국내 31개 지역본지부를 통해 중소기업의 수출사업 지원창구역할을 맡고 있다. 중소기업청의 해외 진출 지원 수탁사업도 중소기업진흥공단이 다양하게 집행 추진하고 있다. 중소기업청 산하의 중소기업진흥공단은 기금으로 운영되는 기금형 공기업으로 자금지원 및 컨설팅, 정보제공 등의 업무도 추진한다. 그리고 수출기업은 모두 회원으로 가입되어 있는 '한국무역협회'가 있다. 한국무역협회는 회원사의 회비로 운영되는 민간기관으로 볼 수 있는데, 통역지원 및 해외전시회지원, 해외 바이어 정보지원 등 수출기업회원사를 위한 다양한 수출지원사업을 추진하고 있다. 이외에도 각 지역별 지자체에는 모두 수출지원부서가 있어, 지자체 예산의 일부를 지역 수출기업 지원에 활용하고 있고, 한국무역보험공사, 한국농수산식품유통공사(aT), 중소기업중앙회 등 다양한 정부기관이 특색있는 지원을 하고 있으니, 해당기관의 홈페이지나 가까운 지역본부를 찾아가 상담을 받아보는 것도 좋은 방법이다. 이러한 기관들이 수행하는 해외 진출 지원사업은 수백 가지가 넘지만, 그중에 수출기업들의 활용빈도가 높고, 잘 알려지지 않은 지원사업들을 간략히 소개하겠다.

해외 사무공간 지원사업(수출인큐베이터)

수출인큐베이터 지원사업은 중소기업의 해외진출 초기에 안정적인 정착과 행정편의를 제공하기 위해 추진되는 사업으로서, 진출

유망 도시에 사무공간을 구축하여, 신청기업을 대상으로 평균 10㎡ 내외 규모의 사무공간과 전화, 인터넷, 책상 등을 제공하고 있다. 전 세계에 20여 개소의 수출인큐베이터가 운영 중에 있으며, 중국 내에는 5곳(베이징, 상하이, 광저우, 청뚜, 시안)에 수출인큐베이터가 설치되어 있다. 임차료는 현 지역 임차실비의 80%을 정부에서 지원하며, 현재 KOTRA와 중소기업진흥공단에서 공동운영하고 있다. 신청은 중소기업진흥공단 홈페이지를 통해 온라인 신청으로 접수되며, 서류심사 및 실태조사를 통해 선정된다. 수출인큐베이터에 입주하면, 정부기관이 운용하는 사무공간에서 세무, 법률서비스를 제공받을 수 있고, 각종 행정편의도 제공함으로써 편리함도 있을뿐 아니라, 외부 중국바이어가 상담을 위해 사무실을 방문했을 때 공신력도 얻을 수 있어 다양한 이점이 있으므로, 해외 사무실이 필요한 경우 우선적으로 고민해 볼 가치가 있다.

해외 바이어 발굴 지원사업(해외지사화, 무역사절단)

정부기관에서는 오래전부터 해외에 바이어를 발굴하는 다양한 지원사업을 펼치고 있는데, 그중에서도 수출기업이 광범위하게 활용하고 있는 사업은 KOTRA에서 추진하고 있는 '해외지사화사업'과 '무역사절단 참가사업'이다. 국내 중소기업 중에 수출 초기 기업들은 대부분 한 번씩 참가했을 만큼 지자체에서 비용을 일부 지원하는 대표적 사업이라고 볼 수 있다. 해외지사화사업은 해외에 사무소를 운영하기 어려운 중소기업의 열악한 상황을 고려하여, KOTRA의 각 무역관이 1년간 지사역할을 대행해주는 사업이다. KOTRA 무역관에서는 1명을 지정하여 신청기업에 대한 품목을 현지에서 홍보하고, 바이어 연락창구역할을 맡는다. 참가비용은 지역물가를 반영하여, 250만 원에서 350만 원까지 차등되어 있다. 그러나 중소기업이 직접 현지를 방문하지 않고, 간접적으로 시장을 개척하는 시스템이기 때문에 수출인큐베이터에 비하면 덜 적극적인 시장개척 방법이라고 하겠다.

다음 무역사절단은 직접 해외 특정 2~3개 도시를 방문하여 현지 바이어들과 직접 상담을 하는 지원사업이다. 거의 모든 한국 지자체에서 매년 무역사절단 지원예산을 반영하여, 항공료 일부 및 통역료, 현지 바이어 발굴비용 등을 지원하고 있기 때문에, 수출지원사업 중에 가장 많이 알려진 사업일 것이다. 국내신청은 주로 중소기업진흥공단 지역본부나 지자체 산하 수출지원기관에서 받고 있으며, 해외 바이어발굴 및 현지일정지원은 KOTRA에서 담당한다. 서울, 경기지역은 경쟁이 치열하여 지원을 받기 어려운 경우도 많지만, 강원도나 지방도시에는 지원규모에 여유가 있어 지방기업들이 참가하기 유리한 면도 있다. KOTRA에서 적극적으로 바이어를 발굴하여 상담을 주선하고는 있지만, 한 번의 만남으로 계약이 이루어지기는 쉽지 않은 게 현실이기 때문에 막연히 정부기관만 의지하고 무역사절단에 참가한다면 성과를 얻지 못할 가능성도 높다. 필자가 무역사절단 사업을 직접 추진해본 경험에 따른 TIP을 드리자면, 중국을 대상으로만 봤을 때, 자신의 품목에 대해서는 인허가 사항을 사전에 정확히 숙지하고 가급적 인허가를 취득한 품목을 가지고 상담하는 게 좋다. 특히 중국 내륙에 있는 바이어들은 주로 연해지역에서 통관되어오는 제품을 받아서 유통하는 경우가 많아, 현지에서 바이어가 인증취득을 지원하는 경우가 드물고, 중국 바이어가 현지 인허가를 취득해준다고 해도, 시기나 방법의 차이로 시간과 비용이 많이 소요되는 경우도 발생할 수 있기 때문에 중국 바이어가 중국 자체인허가를 받아서 물건을 수입해주리라는 기대는 낮추는 게 바람직하다. 아울러, 무역사절단에 참가하기 전에 코트라가 발굴해준 바이어 명단을 미리 받아 바이어와 사전 교감을 가지는 게 좋다. 현지에서 바이어와 상담할 수 있는 시간은 보통 1시간 남짓이고, 바이어가 많이 섭외되어 있을 경우에는 상담시간이 더 짧아질 수밖에 없다. 짧은시간에 제품에 대해 설명하고, 이런저런 상호 이해의 시간을 통역을 통해 가지다 보면, 실질적인 구체적 내용까지 접근하기 어려운 경우가 많다. 바이어 역시 제품을 처음 보고 의사결정을 내릴 수가 없어 자체 본사에서 다시 검토해야 한다고 하는 경우도 많으므로, 가급적 사전에 만나게 될 바이어와 유선이든 메일이든 적극적으로 접촉하고 무역사절단에 참가해야 나름의 성과를 가져가게 될 가능성이 높다.

중국 현지 판로 유통망 지원사업(해외 정책매장)

아무리 좋은 제품을 개발해도 중국 내 대형유통매장이나 상점에 물건을 입점시키는 것은 보통 어려운 일이 아니다. 보통 중국 바이어를 발굴해서 바이어를 통한 매장 입점 절차를 통하는 경우가 많은데, 이런 경우 바이어의 능력도 검증되기 어려우며, 중국 현지 도매상 등 유통상의 요구 조건에 맞추는 것도 결코 쉬운 작업이 아니다.

이러한 중소기업의 애로를 해결하기 위해 중소기업청과 중소기업진흥공단은 해외 대형유통상가 내에 정책매장을 개설하여 중소기업제품을 중국 소비자에게 직접 연결시켜주는 사업을 추진하고 있다. 2016년 현재 중국 내 3개 지역에 중소기업제품 전용판매장을 운영하고 있는데, 한 곳은 베이징 롯데마트 내에 입점되어 있고, 다른 한 곳은 정저우 데니스쇼핑몰 내에 있다. 또 한 곳은 랴오닝성 선양 롯데백화점에 있고, 칭다오에는 2016년 5월 중소기업제품 유통전시관이 오픈되었다. 한편으로 상하이에는 이마트와 협력을 통해 한국 중소기업 제품 전용 판매 코너를 설치하는 사업을 준비하고 있다. 복잡한 중국 내 유통과정을 없애고, 정부가 직접 예산을 투자하여 매장을 오픈하고 중소기업제품을 직접 중국 소비자까지 전달하는 사업으로, 중국 진출을 희망하지만 초기 진출에 여력이 부족한 중소기업들에게 중국 소비자에게 제품을 보여주고 평가를 받아볼 수 있는 기회를 제공하는 것이다.

향후 중국의 전자상거래 구매 수요에 부응하기 위해 O2O 개념의 유통망 형태로 확대 지원할 계획을 가지고 있어, 초기 수출 기업들이 테스트마켓 개념으로 활용하기에도 적절한 지원사업이라고 할 수 있다. 신청은 중소기업진흥공단 우수상품소싱시스템(b2c. gobizkorea.com)에서 회원가입을 한 뒤 기업정보 및 제품정보를 등록하면 되며, 신청된 제품은 중국 유통망 전문가들의 심사를 통해 선정되고, 선정된 제품은 해외 정책 매장에 정식 입점하게 된다. 단, 한 가지 유의할 점은 중국에 직접 소비자까지 전달되어야 하는 제품인 관계로 중국 내 인허가는 반드시 취득해야 한다.

<중국 허난성 정저우 등에 설치된 정부해외정책매장 현장>

중국 진출품목 인허가 지원사업(중국인증집중지원사업)

중소기업청에서는 매년 중소기업의 해외인증지원사업을 지원하고 있다. 그런데 2016년부터는 중국을 집중 수출지원사업 대상지역으로 정하여 보다 강화된 중국인증집중지원사업을 추진하고 있다. 이 지원사업은 중소기업이 중국에 진출하기 위해 필요한 거의 모든 인허가 사항을 지원해주는 정책으로 CCC, 자율안전인증, CFDA(화장품, 의료기기, 가공식품), GB TEST, 환경규제대응 등이 해당된다. 인증지원방식도 중국 내 현지 사무소를 운영하고 있는 한국화학융합시험연구원(KTR)을 통해 진행하므로써, 투명하고 효율적인 인허가 지원을 추진하는 것이 특징이다. 실제로 한국화학융합시험연구원은 2015년 12월 중국인 허가기관 중 하나인 '베이징시의료기계검험소(BIMT)'와 업무협약을 체결하여 중국 현지에서 인허가를 원활히 추진할 수 있는 기반을 강화하고 있다. 그동안 중국 내에서 인허가를 취득하는 절차는 복잡하고, 중간 대행사의 횡포에 중소기업들이 어려움을 겪는 경우가 많았으나, 정부의 지원을 통해 투명하고 편리하게 중국 인허가를 취득하게 된 것이다. 2016년 총 지원예산은 71억 원이고 3월과 8월 2차례에 신청접수를 받는다. 신청절차는 중소기업수출지원센터(www.exportcenter.go.kr)에 회원가입 후 '중국인증집중지원사업'에 온라인 신청접수하고, 날인된 신청서와 구비서류를 가까운 지방중소기업청 수출지원센터에 접수하면 된다.

<중소기업청에서 운영하는 중소기업수출지원센터 홈페이지 화면>

중국 법률정보 제공 및 상담 지원사업(중국법령정보지원시스템)

한국에서도 법률에 대한 정보는 생소하고 주로 법률 전문가를 찾는 경우가 많지만, 중국의 경우는 법률에 대한 이해도 어려울 뿐 아니라 중국 법률을 찾았다 하더라도 해석된 내용이 없어 별도로 번역 작업을 거쳐야 하는 어려움이 있다. 중소기업청에서는 중국 진출기업이 조금 더 수월하게 중국법률을 이해하고 활용할 수 있도록 2014년부터 중국법령정보시스템을 구축 운영 중에 있다. (www.exportcenter.go.kr/clms/service/main/main.do)

2016년 초까지 5,000여 개의 중국 법률이 한국어로 번역되어 등록되어 있으며, 노무 및 세무를 포함한 대부분 영역의 법률이 비축되어 있어, 분야별로 검색이 가능하다. 회원가입 절차만으로 무료 법률자료를 활용할 수 있고, 온라인으로 중국 법무컨설팅회사와 연결되어 있어, 온라인 법률상담도 가능하니, 직접 중국에 가서 중국 법률 전문가를 만날 필요가 없는 것이다.

중국 진출 총괄컨설팅 지원사업(해외민간네트워크)

중소기업진흥공단에서 지원하는 사업으로, 중국 진출마케팅과 관련된 시장조사, 해외전시회 참가대행, 바이어 발굴, 수출계약 추진 등 모든 사항을 일임하여 컨설팅 대행을 해주는 사업이다. 사업 참가기업은 중소기업진흥공단에서 인증한 해외지역 컨설팅전문업체(민간네트워크)와 계약을 체결하고 1년 동안 중소기업이 원하는 컨설팅을 대행하며, 정부에서는 컨설팅 비용의 70%까지 지원한다. 중국 쪽 네트워크가 약하거나 진출기반이 낮은 중소 수출기업이 해외의 전문컨설팅기업과 회사제품에 대한 집중 시장 공략을 할 수 있는 지원사업이라고 볼 수 있는데, 해외민간네트워크는 매년 중소기업진흥공단에서 사업실적 및 역량평가를 통해 재선정하면서 관리하고 있다. 매년 1회 4월~5월경 신청접수를 하고 있으며, 신청방법은 중소기업수출지원센터(www.exportcenter.go.kr)에서 회원가입 후, 해당 사업 관련 신청서류를 온라인 접수하면 된다.

중국 바이어와의 소통지원사업(통번역 지원서비스)

외국어 전문인력이 부족한 수출 초기 중소기업을 위한 통번역지원서비스 사업이다. 중국에서 보내온 문서를 번역하거나, 중국 바이어와 직접 통화할 때 통역이 필요한 경우 유용한 지원사업이라고 할 수 있다. 중소기업청과 한국무역협회가 공동으로 지원하는 사업으로 연간 150만 원까지 통번역서비스를 지원받을 수 있다. 주요 서비스로는 수출 관련 무역서신, 계약서, 카탈로그, 회사소개서 등의 번역을 지원받거나, 국내 바이어 상담회의 통역을 지원받을 수 있고, 국제전화통역까지 가능하다. 국제전화통역은 수출자와 바이어 사이에 통역이 전화상으로 순차통역을 지원하는 방식이다. 신청방식은 한국무역협회 홈페이지(www.kita.net)에서 회원가입 후

신청절차를 밟으면 된다.

이제까지 소개된 정부지원사업 외에도 각종 기관에서 수출상담회 및 해외전시회 지원사업을 수시로 추진하고 있고, 지자체별로는 카탈로그 제작을 지원해주는 경우 등 다양한 지원사업이 펼쳐지고 있으니, 수출 초기 기업은 발품을 팔고, 각 지원기관의 홈페이지를 상세히 조사하는 노력이 필요하다.

/ 별첨 /

1. 시안의 역사 유적
2. 산시성 함양 한국 기업산업원 소개
3. 시안 상가물색 및 임대 절차
4. 시안 프랜차이즈 산업 현황

1. 시안의 역사 유적[32]

■ **시안 성벽**

- 위치: 시안 중심 시가지를 둘러싸고 있음.

  - 시안성 내에 산시성 정부, 시안시 정부가 위치하고 있음.

- 규모: 전체 길이 13.6㎞, 높이 12m, 폭 15m.

- 건설 시기: 명태조 홍무제(明太祖 洪武帝: 朱元璋) 홍무 3~11년간 건설. 역사가 600년 이상됨.

- 평가: 중국 내 건축물 중 가장 완정한 상태로 보전된 고성 중의 하나.

- 구성

  - 높고 두꺼운 성벽이 13.6㎞에 걸쳐 시안 중심지를 둘러싸고 있으며, 동서남북의 4개 문(북문, 남문, 동문, 서문)으로 구성.

---

32) 시안여유국 홈페이지(한국어 지원) www.xian-tourism.com

- 성 사변에는 넓고 깊은 호성하(護城河) 구축.
- 환성공원(環城公園): 1982년 7월 성정부의 주창 아래 수십만 명의 시민이 힘을 합쳐 독특한 풍경의 공원 조성. 이로써 시안 성벽이 단지 역사적인 건축물의 의미를 넘어서 공원과 성, 길, 물이 어우러진 공원으로 조성되어 그 의미가 배가됨.

■ 종루(鐘樓)

- 위치: 시안성 중앙에서 약간 남쪽에 위치.
- 규모: 높이 8.6m, 둘레 35.5m의 벽돌로 된 제단 위 건축된 3층 누각.
- 건설 시기: 명 홍무제 17년(1384년)
- 평가: 중국 내 제일 크고 보존이 완벽한 시안의 상징적인 건축물.
- 구조: 외관 3층, 내부 2층, 정방형의 누각 형태.
- 특징: 못을 사용하지 않고 건축, 사면에 회랑이 둘러 있고 내부에 계단이 있어서 올라가 시안 시내 조망 가능함.

※ 성문이 닫히는 시간부터 밤까지 정각 알림은 종루의 북서쪽 450m 지점의 고루(鼓樓)를 이용. 이는 밤에 종이 울리면 시민들의 취침을 방해할 우려가 있음을 고려한 것.

■ 비림(碑林)

- 위치: 시안 성벽의 남문 부근에 위치.
- 유래: 역대 명필을 새긴 1,000여 개의 비석이 마치 숲처럼 전시되어 있다고 하여 비림(碑林)이라 불림.
- 구조 및 규모

- 7개 대형 진열실과 8개 회랑 그리고 8개 비정(碑亭)에 한대부터 청대까지 2,300여 개의 비석을 소장, 그중 1,095개를 전시.
- 전서, 예서, 초서, 행서 등 각종 서체를 비교할 수 있으며 유명 서예가의 필체를 직접 감상할 수 있음.
- 평가
  - 중국 고대 서예 예술의 보고로 고대 문헌 서적과 비석 조각 도안 등 집대성.
  - 이들 전시물은 대외 문화 교류의 역사적 사실 반영.

■ 산시역사박물관(陝西歷史博物館)

- 위치: 시안시 소채동로(小寨東路)와 취화로(翠華路) 교차로 입구에 위치함.
- 성격: 현대식 설비를 갖춘 최초의 국가급 역사박물관.
- 개관 연도: 1991년
- 전시물: 총 36만 점, 대부분은 주(周), 진(秦), 한(漢), 수(隋), 당(唐) 대의 유물로 시안 근교에서 출토.
- 내부는 총 3개의 전시관으로 구성
  - 제1전시실(1층): 선사시대 이후 및 진(秦)나라 역사
  - 제2전시실(2층): 한(漢)나라 이후 및 위진남북조 역사
  - 제3전시실(2층): 수, 당, 송, 명, 청대의 역사

■ 대안탑(大雁塔)

- 위치: 시안 시내 자은사(慈恩寺) 내 위치.

- 자은사는 648년 당대 황제 고종이 어려서 돌아가신 어머니를 위해 만든 절로 현재의 모습은 청대에 재건축함.

• 유래: 중국에서 유명한 불탑 중 하나로, 652년에 당(唐)나라 현장(玄奘)법사가 인도에서 가져온 불경과 불상을 보존하기 위해 건축함.

• 구조: 7층의 누각식(楼阁式) 전탑으로 총 높이 64m, 기반부 둘레는 25m, 외부는 벽돌로 지어졌지만, 탑 내에는 나선형의 계단이 있어 걸어 올라갈 수가 있으며, 매 층 사방에는 각기 하나의 아치형 문이 있어서 먼 곳까지 조망 가능.

■ 소안탑(小雁塔)

• 위치: 시안성 남쪽의 천복사(荐福寺) 내 소재.

※ 천복사는 당대 장안성 내 유명한 불교사원. 684년 중국 황실이 고종이 죽은 후에 '헌복(獻福)'을 위해 지어 준 절. 원래 헌복사(獻福寺)였는데, 무측천(武則天) 때(690년) 천복사로 개명. 당승 의정(義淨)대사가 인도에 가서 56부 230권의 산스크리트어 경전을 얻어 귀국, 이곳에서 경전을 번역함.

• 규모

- 당 중종(唐中宗)(707-709년) 때 건축, 원래는 15층 높이였으나 1556년 산시 대지진으로 훼손되어 현재 13층(43.3m)까지밖에 남아있지 않음.

- 현재의 소안탑은 사각형의 평면에 1층의 높이가 가장 길며 올라갈수록 층의 높이가 낮아지면서 폭도 좁아져 부드러운 곡선을 형성.

- 1층 북쪽과 남쪽에 권문(券門)이 있고, 2층부터는 층마다 권

창(券窓)이 나 있음.

- 유래
  - 자은사 내에 위치한 대안탑과 대치하고 있고, 크기 면에서
    약간 작다는 이유로 소안탑이라고 부르기 시작.

■ **청진사**(淸眞寺)

- 위치: 시안 고루(鼓楼)의 서북쪽 코너 화각항(化覺巷) 내에 위치.
- 개요
  - 중국에서 가장 오래된 이슬람 사원으로, 규모가 크고 현재
    까지 보존이 잘 되어 있는 사원 중 하나.
  - 중국의 전통 건축양식으로 지어졌지만, 이슬람교 사원만이
    지니는 특색을 동시에 지님.
- 건축 시기 및 규모
  - 당 천보(天寶) 원년(742년)에 지어졌으며, 송, 원, 명, 청대로 이
    어지면서 점차 규모가 커져 지금의 모습을 갖춤.
  - 전체 면적은 12㎢이며, 건축 면적은 4㎢이고, 동서 방향으로
    길게 이어진 장방형의 형태로, 예배당은 약 1,000명이 동시
    에 절을 할 수 있을 정도의 큰 규모를 자랑함.
- 특징
  - 시안의 7만여 이슬람교도들의 종교생활 장소로서 최근 20년
    간 세계 80여 개 국가의 여행객들과 50여만 명의 이슬람교
    도들이 방문. 현재도 예배가 이루어지고 있으며, 사원의 정
    원까지는 여행객들이 들어갈 수 있으나 예배당은 이슬람교

도만이 들어갈 수 있음.

■ **다탕푸룽위안**(大唐芙蓉園, 대당부용원)

- 위치: 시안 취장구(曲江區) 내 대안탑(大雁塔) 부근에 위치.
- 개요
  - 푸룽위안은 본래 오랜 세월 동안 명성을 떨친 황가의 정원으로서 대안탑과 인접.
  - 수(隋) 이후 약 1,300년에 이르는 깊은 역사를 자랑하고 있어 고풍스러운 매력과 분위기가 물씬 풍기고 주변 환경도 매우 아름다움.
  - 오늘날의 푸룽위안은 당나라 푸룽위안 유적 위에 중국 최초로 당나라 문화와 시대상 및 생활상을 전방위적으로 재현하여 형성.
- 구성 및 특징
  - 푸룽위안은 자운루(紫雲樓), 사녀관(仕女館), 어연궁(御宴宮), 방림원(芳林園), 황명구천극장(鳳鳴九天劇場), 행원(杏園), 육익차두(陸翼茶杜), 당시(唐市), 곡강류음(曲江流飮) 등의 다채로운 관람관으로 구성, '오감' 체험을 할 수 있어 중국 서북지역의 손꼽히는 테마공원.
  - 특히 매력적인 야경으로 최근 많은 관광객들의 사랑을 받고 있고, 매일 밤 어스름이 찾아올 때면 푸룽위안 중앙에 있는 호수에서 분수를 쏘고, 분수 위에 레이저를 이용한 세계 최대 규모의 수막(水幕)영화가 펼쳐짐.

■ **진시황 병마용(兵馬俑)**

- 위치: 시안 시내 동쪽으로 35㎞ 린퉁(臨潼)에 위치.

- 개요

  - 병마용이란 불멸의 생을 꿈꿨던 진시황이 사후에 자신의 무덤을 지키게 하려는 목적으로 거대한 규모로 흙으로 빚어 구운 병사와 말을 지칭.

  - 하나하나가 사람의 키와 같으며 그 수도 8,000개가 넘어 세계 8대 불가사의로서 거대한 규모와 정교함을 자랑함.

  - 진시황릉에서 북동쪽으로 1.5㎞ 떨어진 곳에 위치.

- 발굴사: 1호갱은 1974년 한 농부가 우물을 파다가 우연히 발견하였으며 이후 2, 3호갱이 계속 발견됨. 학자들은 발견된 3개의 갱 외에도 진시황릉 근처에 미발굴된 병마용갱이 있을 것이라고 추정됨.

- 구성: 병마용갱은 총 3개의 전시관으로 구성.

  - 1호갱: 1만 4,360㎡로 가장 규모가 크며, 보병으로 추정되는 키 178~187㎝의 6,000여 병마용이 3열 횡대로 도열.

  - 2호갱: 약 6,000㎡이며, 보병과 기병, 궁병과 전차 등으로 복잡하게 구성되어 있고, 900여 병마용과 기병용 안마 116필, 전차를 멘 토마 350여필이 있는 것으로 추정.

  - 3호갱: 520㎡으로 凹 모양이며, 병마용 68개, 기마 4개, 전차 1개의 아주 작은 규모로 군을 통솔하는 사령부로 추정.

■ 화칭츠(華淸池)

- 위치: 시안 시내 동쪽으로 35㎞ 린퉁에 위치.

- 개요

  - 당 현종 때 절세미녀 양귀비와 관련된 장소로 시안의 북동쪽에 위치한 온천 휴양지. 화칭츠 온천은 수온이 항상 43℃를 유지되며 수질이 매우 깨끗하고 다량의 광물질이 포함, 관절염, 신경통 등에 효과가 있음.

  - 매일 당대를 재현한 공연이 육각정 무대에서 이루어지고 있음.

- 역사

  - 산세가 수려하고 온천수가 좋아 3,000년 전부터 역대 황제들이 별장을 지어 겨울철 휴양지로 이용.

  - 서주(西周) 때 주유왕(周幽王)이 여궁(驪宮)을 세웠으며, 후에 진시황과 한 무제도 이곳에 행궁(行宮)을 건립.

  - 특히, 당 현종 때 건설한 궁전 누각이 가장 화려하며 이때 정식으로 '화청궁(華淸宮)'이라는 이름으로 개명되어 당시(唐詩)의 중요한 소재가 되어 왔음.

- 구조

  - 화칭츠 동쪽 구역에는 곽말약(郭沫若)이 쓴 '화칭츠' 금자편액이 걸려 있으며, 구역 내에는 하화각(荷花閣), 비하각(飛霞閣), 오간정(五間廳: 1936년 시안사변 당시 장개석이 감금되었던 곳) 등의 건축물이 있음. 그중 온천 석벽에 있는 '온천송비(溫泉頌碑)'는 중국 비석 중 우수한 예술품으로 인정.

  - 중앙구역 소재 당 화청궁 어탕유적박물관에는 연화탕(连花

汤), 해당탕(海棠汤), 태자탕(太子汤), 상식탕(尙食汤), 성진탕(星辰汤) 등 당나라 때 현종과 양귀비가 온천을 즐기던 탕과 문물 진열실이 있음.

■ **진시황릉**(秦始皇陵)

• 위치: 시안 시내 동쪽으로 35㎞ 린퉁에 위치, 병마용 부근.

• 개요: 중국을 통일한 최초의 황제 진시황의 능. 개인의 묘로는 세계 최대 크기로, 1987년 유네스코 세계문화유산으로 등록.

• 건축 기간 및 규모

  - 진시황제 즉위 후 시작해 37년간 소요. 주변 둘레 1.4㎞, 높이 55m, 동서 345m, 남북 350m에 이르는 방대한 야산 규모.

  - 능의 지하에는 화려한 궁전과 부장품이 있다는 사실이 자외선 조사와 2003년 실시한 로봇 탐사결과로 확인.

• 지하 부장품

  - 사마천(司马迁)의 사기 기록: 황제능 건축을 위해 70만 명의 장인을 징집, 온갖 보물과 금붙이를 사용. 또한 황제의 관 둘레에는 구리로 테를 쳤고, 황제의 관으로 잠입하는 사람은 수많은 화살 세례를 면치 못하도록 설계. 관 주위로 수은으로 만든 하천과 호수를 만들어 화려함을 더했고, 인어의 기름으로 만든 초가 황제의 영생을 위해 타고 있음.

  - 2003년 로봇 탐사 결과 사기의 기록이 상당 부분 사실로 입증되었으나, 중국 당국은 발굴조사에 신중, 더 이상 발굴하지 않음.

■ 법문사(法門寺)

- **위치:** 시안 서쪽의 부풍현(扶風縣) 법문진(法门镇)에 위치(2시간 소요).

- **개요:** 무려 1800년의 역사를 자랑하는 이 사찰에서 가장 유명한 것은 13층의 법문사 탑이며, 탑 내에 부처의 진신사리가 보관되어 있고 내부는 지하 궁전을 기반으로 이루어져 있음.

- **역사:** 법문사 탑은 명나라 때인 1579년에 만들어진 것으로 8각 13층, 높이 47m의 벽돌 탑임. 1981년 홍수로 붕괴되어 1987년 재건 당시 지하 궁전이 발견됨. 지하 궁전은 진시황릉에 이어 고고학 연구의 귀중한 자료가 되고 있음. 특히, 지하 궁전에서 8중의 보물함(函中函)에 봉합된 손가락뼈 4개가 발견(그 중 1개는 진신사리).

■ 건릉(乾陵)

- **위치:** 시안에서 서북방향으로 첸현(乾县)에 위치(약 2시간 소요).

- **개요:** 건릉은 당태종의 아들인 3대 황제 고종(684년)과 그의 처 측천무후(706년)를 합장한 묘. 능의 입구 좌우에는 고종의 장례에 참가했던 소수민족의 수령과 외국사절의 조각상 61개가 있고, 내성에는 대형 사자상이 서 있음.

- **규모:** 500m의 참배로에는 120점의 석상이 늘어서 있고, 출토품 43,000점이 건릉박물관에 전시되고 있음. 건현(乾縣) 북쪽의 양산(梁山) 전체가 능으로 아직까지 완전히 발굴되지 않았음.

■ **양릉**(陽陵)

- 위치: 함양공항 부근인 건현(乾县)에 위치(약 40분 소요).

- 개요: 서한(西漢) 경제(한무제의 부)의 능

- 규모

  - 동서 166.5m, 남북 155m, 높이 31.64m

  - 능 둘레에는 한나라 시대 81가지 부서를 상징하는 순장갱을
    만들어 놓았으며 현재는 동쪽 부분만 발굴된 상태.

- 지하 부상품: 1990년 5월 능 남쪽 구역에서 96,000㎡ 정도의
  한나라 병마용갱 발견, 키가 62㎝ 정도의 수많은 돼지, 개, 말,
  소, 양, 남성 나체 병마용 등.

■ **당가촌**(党家村)

- 위치 및 면적

  - 산시성 한성(韓城)시 동북으로 9㎞에 위치(황허에서 3㎞).

  - 면적: 1.2㎢

- 개요

  - 중국 내에서 보존 상태가 가장 좋은 명, 청 시대 건축양식
    마을.

  - 동방 인류 고대 전통 거주 촌락의 살아있는 화석이라 불림.

- 역사

  - 원(元) 지순(至順) 2년 1331년에 당서헌(党恕轩)이 이곳에 와서 농
    사를 지으며 정착. 명 영락(永樂)년간 그의 손자 당진(党眞)이
    거인에 당선되어 마을 건설.

- 명 성화(成化)년간에 당(党), 가(賈) 두 집이 통혼, 지금까지 600
여 년의 역사(1949년 전에는 당(党), 가(賈) 씨만 살았음).
- 구성
- 100여 채의 사합원(四合院)과 사당, 문성각 등으로 구성.

■ **사마천묘**(司马迁祠墓)

- 위치: 산시성 한성시 남쪽 10㎞ 즈촨전(芝川镇)에 위치.
- 규모: 동서 555m, 남북 229m, 면적 45㎡
- 인물 소개
- 사마천, 자가 자장(子長)이고, 서한(西漢) 사람, 유명한 사학가,
문학가, 『사기』의 저자.
- 역사: 서진(西晉) 영가(永嘉) 4년(공원 310)에 건설, 1,700년의 역사.
- 전시관
- 제1전시실: 사마천의 생전 전시
- 제2전시실: 사마천의 생애 전시
- 제3전시실: 주로 39폭의 비석문(碑文)을 전시(사마천의 공적을 새긴
비석과 유명 서예가의 수필)
- 제4전시실: 『사기』의 명언과 경구 그리고 53폭의 유명한 사람
의 서예 전시

2. 산시성 함양 한국 기업산업원 소개

■ **개요**

 - 산시성 인민정부는 한국 중소기업의 더 많은 산시성 지역 투자진출을 촉진하고 양국 간의 산업협력을 강화하기 위하여 산시성 지역에 3개 구역의 '한국중소기업산업원'을 건설할 예정이며, 동 한국 중소기업산업원에 입주하는 한국 기업에 다양한 우대정책을 지원할 계획임.

■ **추진 경과**

 - 2013년 11월, 한국중소기업청과 산시성 상무청 간 MOU체결.

 ※ 주요 내용: 한국중소기업센터 설립, 한국산업단지 건설 등 양국 산업협력 강화.

 - 2014년 4월, 시안한국중소기업지원센터 개소.

 - 2015년9월, 한국중소기업청과 산시성 인민정부 간 MOU체결.

 ※ 주요 내용: 산시성 산업단지 중 3개 구역(함양고신개발구, 함양문화체육기능구, 고릉현중소기업취집원)에 '한국중소기업산업원'을 지정하고 다양한 우대정책 지원.

■ 한국중소기업산업원 개요

<A구역>

- 위치: 셴양시 고신기술산업개발구 내.

- 규모: 9.28㎢

- 주요 산업: 전자신소재, 전자소자, 반도체 조명, 소프트웨어 서비스 아웃소싱, 정보통신, 친환경 에너지절약소비, 의료 미용기기 등.

<B구역>

- 위치: 시안(함양)문화체육기능구 내.

- 규모: 7.4㎢

- 주요 산업: 문화, 여행, 스포츠, 건강의료, 전시회의, 전자상거래, 현대물류 및 현대서비스업 등.

<C구역>

- 위치: 시안 고릉현 중소기업취집원 내.

- 규모: 0.96㎢

- 주요 산업: 신에너지 신소재 산업을 포함한 전기기계 일체화 산업, 전자상거래, 생물의약, 화장품산업, 자동차 부품산업, 물류배송산업 등.

3. 시안 상가물색 및 임대 절차[33]

■ 점포물색 방법과 절차

중국 산시성 시안시에서 점포를 확보하는 방법은 다양하다. 그러나 점포물색부터 최종 임대차계약까지 진행되는 과정은 결코 만만치가 않다. 적당한 점포를 물색하는 방법은 크게 두 가지로 구분할 수 있다. 그 첫 번째는 온라인을 통해 점포를 찾는 방법과 오프라인을 통한 방법이다.

온라인을 통해 점포를 물색하는 방법은 www.58.com 등 한국의 벼룩시장과 비슷한 온라인사이트를 통해 찾는 방법이다. 그러나 한국과는 달리 시안시에서 온라인을 통해 점포를 찾는 것은 ① 정보의 정확성이 현저히 떨어지고, ② 정보량의 한계와 ③ 불순한 의도를 가진 정보 유포 등으로 인해 매우 제한적이며 한계가 분명히 드러나는 방법이다.

---

33) 한국 소상공인의 중국 산시성 창업 및 경영단계별 조사보고서(2014)에서 발췌.

<시안시 온라인 부동산 사이트 주소>

사이트 명칭	사이트 주소
58통성(58同城)	xa.58.com
간지닷컴(赶集)	xa.ganji.com
하오시안(好西安)	www.haoxian.kr
모이자	www.moyiza.com
시안한마당	hanmadang.cn
시안도우미(네이버 카페)	cafe.naver.com/xianhelp
시안마을(네이버 카페)	cafe.naver.com/chinaxian1

또 다른 방법은 오프라인을 통한 방법이다. 오프라인 점포물색 방법의 대표적인 방법은 신문 혹은 부동산 관련 간행물들을 통해 찾는 방법이다. 시안시의 대표적인 신문매체는 '화상보'이며 이 신문에 게재된 점포 관련 정보를 찾아보고 직접 현장을 방문하고 상담하는 방법이다. '화상보'에는 매주 주말 부동산 관련 광고들이 게재되므로 이러한 광고를 활용하는 것이다. 소규모 점포의 경우, 광고물이 많지 않기 때문에 이 방법 역시 유효성이 떨어지는 경우가 많다.

또 다른 오프라인을 통한 방법은 부동산중개업소 혹은 부동산 전문매체가 발행하는 간행물들을 이용하는 방법이 있지만, 이러한 매체들이 아직 상가매물보다는 주택매물에 많이 편중되어 있어 한계가 있다.

시안시에서 점포물색을 위해서 가장 보편적으로 사용하는 방법은 임차인 본인이 직접 전망이 있는 지역상권을 방문하여 임차매물로 내놓은 상가 앞에 붙은 임차 안내문에 적힌 전화번호로 직접 연락을 하여 임대인을 수소문하는 방법이다. 부동산 임대차 중개를 전문적으로 하는 부동산중개업소들 역시 아직은 상가매물을 많이 취급하지 않고 있어 부동산중개업소를 이용하는 방법마저 한계가 있다.

■ 점포 임대·구매 관련 명의의 선택

중국에 진출한 한국 소상공인들이 사업을 전개하면서 제일 먼저 부딪히는 문제가 바로 사업자명의 선택과 관련된 문제이다. 중국에서 사업행위를 하는 외국인 개인 혹은 외국 법인이 사업을 합법적으로 전개하기 위해서는 반드시 법인을 설립하여야 한다.

중국에 진출한 한국 소상공인 중 대부분은 한국에서 법인을 운영해 본 경험이 없다. 또한, 중국에서 외자법인 설립에 따른 설립비용, 외자법인 설립 후 발생하는 운영 및 관리상의 복잡성을 피하기 위해 현지 종업원 혹은 기타 중국인의 명의를 빌려 외국인에게는 불허된 개체업(한국의 개인사업자와 비슷한 개념)의 형태로 사업을 전개하는 경우가 많다.

이런 경우, 사업을 전개하면서 다양한 문제들이 발생하며 사업자는 매우 큰 리스크를 안게 된다. 명의를 대여하여 사업을 전개하는 경우 발생하는 다양한 문제점과 피할 수 없는 불법 행위 중 대표적인 예는 다음과 같다.

주요 내용	문제점 및 현황
점포 임대차계약체결	- 실제 사업자가 아닌 타인 명의로 사업장 임대차계약체결. - 추후 임대차 권리관계 주장이 불가능. - 분쟁 발생 시 해결에 큰 애로 사항 발생.

사업자등록증 등
각종 인허가
	- 명의대여자 명의로 사업자등록증, 위생허가 등을 발급받을
	  수밖에 없으므로 세무국, 공안국 등에 제출하는 모두
	  서류는 허위 신고임.
	- 실제 사업주와 명의자가 달라 다양한 행정적인 비용 및
	  문제 발생.

외국인에 불허된 개체업 신청 후 사업진행	- 사업체 자체가 불법에서 출발. - 명의대여자가 변심, 타 지역 이동 혹은 연락 두절 시, 사업진행 자체에 심각한 문제 야기.
사업진행을 위해 필요한 제반 계약행위	- 실제 사업주가 구매계약, 판매계약 등 사업의 성패를 좌우하는 중요한 계약체결의 주체가 될 수 없음. - 계약체결의 주체가 되는 것은 이미 불법임을 승인하는 것임. - 분쟁 발생 시 권리보호를 받을 수 없음.
취업비자 신청 불가능	- 실제 사업자 명의의 취업비자 신청이 불가능. - 장기체류를 위해 불법취업 혹은 편법사용(유학비자 등)에 따른 리스크 상승.
자금거래 리스크 증가	- 사업 진행 시, 사업주가 아닌 명의대여자 명의를 사용한 계좌사용에 따른 자금관리의 위험성 증가.
명의대여자 리스크	- 사업이 번창하게 되면 명의대여자의 변심으로 더 많은 대가 요구. - 사업장 자체에 대한 권리주장 시 법적인 방어수단 전혀 없음.

4. 시안 프랜차이즈 산업 현황

■ 유통 관련 시안시 일반 현황

- 중국 산시성 수도인 시안시는 약 3천 년의 역사를 가진 고도이
  며, 중국 서북부지역 최대 도시 중 하나임.

- 2011년 시안시 지역 내 총생산은 3,864억 위안으로 전년 대비
  13.8% 성장하였으며, 5년간 경제 규모가 2배 이상 증가.

- 2011년 시안시의 소비시장 규모는 1,965억 위안으로 5년전에
  비해 약 2.4배 이상 성장하였으며, 이는 중국 서부지역 12개
  성도의 소비시장 중 충칭, 청두에 이어 3번째로 큰 규모임.

- 2014년 삼성반도체공장이 준공된 이후 한국 기업의 진출이 급
  증하고 있으며, 관련 음식업 및 프랜차이즈산업도 증가 추세
  에 있음.

- 향후 서부내륙지역의 소비능력 제고 등에 따라 유통업 및 프랜차
  이즈산업은 인적·물적 교류확대와 더불어 성장할 것으로 보임.

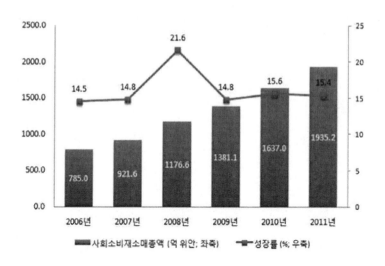

<중국 시안 사회소비재 총 매출액 추이>

■ 시안시 주요상권 현황

- 시안시는 9개 구, 4개 현으로 구성되어 있으며, 도심에 해당하는 신청구, 베이린구, 롄후구, 옌타구, 웨이양구 등 5개 구에 인구가 밀집되어 있으며, 시안의 여러 상권 중 종루, 가오신, 샤오차이 등이 한국의 명동과 같은 핵심상권으로 분류될 수 있음.

- 종루 상권은 중국 서북지역 최대 상권으로 외국 관광객들이 많이 찾는 지역이며, 주위에 중국 소수민족 전통거리인 '회민지에'는 주말에 인산인해를 이룰 만큼 유동인구가 많음.

- 가오신 상권은 가장 최근에 부상한 신흥상권으로 고급백화점, 슈퍼마켓 등이 주로 분포되어 있으며, 대규모 신규 주택가가 배후에 건설 중에 있어 신규상권으로서의 면모를 갖추어 가고 있음. 한인타운인 뤼디와 이취웬이 이 지역에 배치되어 있음.

- 샤오차이는 젊은 층이 많이 찾는 지역으로 '싸이거'라는 대형 쇼핑센터를 중심으로 의류전문점 등 상가들이 집중 밀집되어 있는 핵심상권으로서 주말뿐 아니라 평소에도 유동인구가 많은 지역임.

■ 시안시 프랜차이즈 발전추세

- 시안시 도소매업 프랜차이즈 사업은 빠른 속도로 발전하고 있음. 2011년 시안시에는 31개의 유통 프랜차이즈 점포가 새로 발생했으며, 2011년 말 기준 485개 점포(직영점 401개, 가맹점 84개)가 영업 중으로서 총 매출액은 164억 위안에 달하면서 전년 대비 28%나 성장하였고, 시안시 전체 유통업 매출액의 4.5%를 차지함.

- 현재 시안에 주둔한 국제 유명 프랜차이즈 기업과 국내 대형 프랜차이즈 유통업체들이 매년 증가하고 있는 추세로써, 월마트(WALMART), 메트로(METRO), 화룬완자, 런런러, 카이웬상청, 세기금화 등 30개 이상의 국내외 기업이 시안에 진출한 상태임.

- 프랜차이즈 경영 범위도 유통, 외식산업, 부동산, 가정서비스, 통신, 석유화학, 담배, 의약 등 20여 개 영역으로 확장되고 있으며, 중국 내외 기업들은 대형마트, 전문브랜드매장, 편의점 등 유통수단을 통해 프랜차이즈를 형성하고 있음.

- 한국 프랜차이즈 사업도 진출이 증가하고 있으며, 현재 뚜레쥬르, 카페베네, 별다방미스리 등이 시안에 진출한 상태임.

참고 문헌

- 권대수, 『중국 제조 2025전략, 한국 중소기업의 위기와 도전』, 생각을나누는나무, 2015.

- 박은경, 「마윈 "중국 경제는 20년간 남들이 부러워하는 성장세 유지할 것"」, 『경향신문』, 2016.04.20.

- 박태견, 「현대기아차만 중국 판매 급감, 위기도래」, 『뷰스앤뉴스』, 2016.04.05.

- 산시성 상무청, 산시성 비즈니스 가이드북, 2014.

- 소상공인시장진흥공단; 2014년 소상공인 해외창업 정보구축용역 보고서, 2014.

- 시안시 통계국, 2015 시안시 통계연감, 2015.

- 윤홍섭, '중국과 시안 문화의 이해', 세미나 강의자료, 2016.

- 원동욱, 일대일로와 유라시아 이니셔티브 협력방안, 중국 시안 일대일로 세미나 발표자료, 2015.

- 이강국, 『일대일로』, 북스타, 2016.

- 전병서, 『중국의 대전환, 한국의 대기회』, 참돌, 2015.

- 조지프 S. 나이(Joseph S. Nye Jr), 『미국의 세기는 끝났는가』, 프리뷰, 2015.

- 주 시안 대한민국 총영사관; 중국 서북 3성 개황, 2013.

- 주 시안 대한민국 총영사관, 한국-산시성 교류사(고대, 근대, 현대), 2014.

- 코트라 충칭무역관, 충칭시 경제 현황, 2015.

- KOTRA 글로벌윈도우, 중국의 한국 기업 인수합병 현황, 2014년 12월.

- KOTRA, 중국 시안 및 충칭시 투자 가이드, 2015.

- 郎咸平,『中國經濟的舊制度與新常態』, 東方出版社, 2015.

- 陝西省漢中市人民政府,『招商引資重點推介項目』, 漢中市經濟合作局, 2016.

- 金立群,『一帶一路引領中國/國家頂層戰略設計與行動布局』, 中國文史出版社, 2015.

- 何帆,『中國2016尋找新動力』, 中國文史出版社, 2016.

- 张小刚,「我省GDP今年要增8%」,『華商報』, 2016.01.25, A02.

- 刘百稳,「2015年西安GDP增长8.2%」,『華商報』, 2016.01.26, A06.

- 姚远,「西安市场库存压力大 分区域有效去化」,『華商報』, 2016.01.26, C03.

- 刘百稳,「去年四季度陕工业企业景气度同比下降超10%」,『華商報』, 2016.01.26, B04.

- 刘百稳,「一季度我省GDP同比增7.6%」,『華商報』, 2016.04.21, A06.

- 朱跃中, 依托"一带一路"深化国际能源合作, 중국 시안 일대일로 세미나 발표자료, 2015.